ビジュアル版

お金・衣食住・防犯が全てわかる

今さら聞けない

ひとり暮らしの超基本

作家・生活史研究家　**阿古真理**　著

朝日新聞出版

はじめに

こんにちは。くらし文化研究所を主宰する阿古真理です。私は生活史研究家として、食を中心に暮らしの歴史とトレンドを調べ、書籍や雑誌記事などで発信してきました。家庭料理の歴史の研究から家事の問題に行きつき、2018年から家事についても研究しています。

この本は、「ひとり暮らしを対象にした家事の本を書いてください」と依頼を受けて書くことになりました。その中でも新入生、新社会人といった、初めてひとり暮らしをする若い人にお伝えしたい、家事の考え方や技術を詰め込みました。家事のノウハウ本はたくさんありますが、意外と情報が少ないのがひとり暮らし向けの内容です。例えば調理1つとっても量が少なく作りやすい料理がちがう。また、シングル用の賃貸マンション・アパートは、キッチンが極小で水回りも狭く収納も小さい、などと条件が悪い部屋がたくさんあります。

この本では同時に、ほかのライフスタイルの人にも通じる情報をできるだけ入れるように心がけています。世の中が変われば、やるべき家事の内容も変わります。しかし、現代の暮らしでやるべき最低基準、あるいは理想の水準がどこにあるのか、たくさんの情報から見つけ出すのは大変です。そこで、掃除や洗濯など各分野の専門家たちに話をうかがうことで、そうした一般的な基準もある程度示すことをめざしました。

実を言うと、私自身は家事の担い手としては、エキスパートではありません。何しろ、私が発信してきたのはノウハウではなく、みんなが家事を大変だと思うのはなぜか、家事や家族のケアの背景にある政治的なたくらみについてなど、家事の構造や背景について解き明か

002

す内容だからです。家事にはジェンダーの問題が絡みつき、女性は高すぎる水準に到達しな
ければダメと思いやすく、男性は中高年を中心に自分には関係ないと思いがち、社会の中で
は誰でもやれる簡単なこととみなされやすい、といった先入観が強く人々を縛り、さまざま
な問題を引き起こしてきました。しかしその問題に取り組む専門家はほぼいません。

私の家事研究の出発点は、逆説的ですが私自身が家事に消極的で、ラクになる方法を探し
たこと。しかし、知識がついて「ねばならない」から自由になる間に、家事のコツも覚え経
験も重ねて、ラクになり楽しくなってきたのです。とは言え、今回専門家の話を伺う中で、
「私には無理」と思うこともあり、できる限りラクに快適にできる落としどころを見つけて
示したつもりです。あくまで〝ものさし〞ですので、すべてを達成しなくて構いません。

家事は、高いレベルをめざせば天井知らずです。楽しければそれもよいですが、他のこと
がなおざりになったら仕事や学業、健康などで問題が生じます。また、がんばりすぎてイヤ
になりやめてしまったら、やがては心身のバランスを崩します。ほどほどを見極めることが
大切です。一方で、身につけた家事の技術は一生ものです。若いうちに少しがんばって習慣
づければ、やがては体が自然に動きラクになっていき、そして家事をしている自分に自信が
つきます。ぜひこであなた自身の落としどころを見つけて、快適な暮らしを手に入れてく
ださい。

くらし文化研究所主宰・作家・生活史研究家　阿古真理

この本の
著者の阿古真理です

私たちはこの本の
ナビゲーターです

この本の読み方

知りたい項目ごとに、
どの章からも読めます。
まずは気になる章のページを
開いてみましょう。

Chapter 1　家事の土台づくり

P.19〜

医療対策や防犯、防災対策をプロが解説!

東京ペストコントロール協会
谷川 力さん

防犯アドバイザー
京師美佳さん

マンション防災士
釜石 徹さん

家事をする理由がわかる

なぜ家事をする必要があるのか。ひと
り暮らしで家事をしていくうえで大切
なことは何なのか。具体的な作業の
前に、ひとり暮らしの生活で押さえて
おきたいことを解説します。

Chapter 2　お金の管理

P.37〜

ひとり暮らしに
必要な家計管理を
レクチャー

ファイナンシャルプランナー
鈴木さや子さん

FPオフィスあしたば
ファイナンシャルプランナー
安藤宏和さん

お金の使い方と貯め方がわかる

ひとり暮らしの家計管理についてやさ
しく解説。1カ月に使えるお金を把握
し、貯蓄の仕組みづくりをする方法か
らお金のトラブルの対処法まで、お金
との上手な付き合い方がわかります。

Chapter 3　掃除の基本

P.59〜

掃除のプロが
きれいな空間の
保ち方を伝授!

クリンネスト
丸マイさん

健康を守るお掃除士
松本忠男さん

掃除を習慣にする方法がわかる

苦手な人も多い掃除を習慣化し、汚
れをためずに心地よい暮らしをする方
法を探ります。特に、時間がなくてもで
きる、これだけはやりたい掃除の最低
アクションは必読です。

Chapter 4　洗濯・衣類の基本

P.83〜

労力をかけずに汚れを
落とす方法を教えます！

ナチュラルクリーニング講師
本橋ひろえさん

洗濯の知識が身につく

大切な服を長く着るための洗濯と取り扱い方法を紹介しています。合成洗剤を使わない、体にも地球にもやさしいナチュラル洗濯についても丸わかり！ 洗濯の意識が変わります。

Chapter 5　料理の基本

P.105〜

考えなくても作れる
7日間レシピを
紹介！

レシピ考案・監修／管理栄養士　加賀美明子

料理が苦ではなくなる

収納が少なくコンパクトなキッチンでも、使いやすいレイアウト術や自炊を習慣化する方法がわかります。肉から野菜まで、10の食材を余すことなく1週間で食べ切るレシピも要チェック！

Chapter 6　片付け・整理収納の基本

P.141〜

整理収納アドバイザー
がスッキリした
部屋つくりをお伝え！

整理収納アドバイザー
寺田こうこさん

整理収納アドバイザー／
ルームスタイリスト
岡本あつみさん

部屋を整えたくなる

ひとり暮らしのコンパクトな部屋でもものがあふれることなく、好きなものに囲まれて快適に暮らすための整理収納術がわかります。この章を読めば、きっと部屋を整えたくなりますよ。

Chapter 7　家事の変遷

P.163〜

昔の家事の苦労か
丸わかり！

家事にも歴史がある

大正から昭和の家事の変遷を紹介しています。便利な家電がなく、人の手作業で家事を行っていた時代を知ることで、改めて暮らしと、それを支える家事に向き合えるはずです。

Contents

料理の基本

片付け・整理収納の基本

家事の変遷

※本文に掲載されているコメントは、2023年9月から2024年1月にかけて49名に行った聞き取り調査によるものです。また、コラム「わたしのひとり暮らし」は、2023年12月に8名に行ったアンケート調査によるものです。

いつもの家事から見えない家事まで100のタスクを表にしました。
自宅で仕事をしている日や家で過ごす休日は、ここに昼のタスクも加わります。
これをひとりでこなしていると思うと、自分って結構すごいと思いませんか？

パンを トーストする	食べ終わった食器を シンクに運ぶ	朝食の食器と 調理器具を 洗う	朝食の食器を しまう	テーブルを 拭く
洗濯物を 干す	掃除機を かける	ゴミを集め 分別する	ゴミを 捨てる	献立を 考える
生ゴミを 捨てる	シンクを洗う・ 調理台を拭く	夕食の食器を しまう	残った料理に ラップを かける・しまう	テーブルを 拭く
靴を磨く	郵便物を チェックする	浴室の排水口の ゴミ取り	浴室を 掃除する	浴室の 水気を取る
冷凍庫で 氷を作る	キッチン用品 （洗剤・スポンジなど） を補充する	冷蔵庫内を 整理する	レンジフードを 掃除する	コンロを 掃除する
古くなった服を 処分する	衣替えする	布団を干す／ 片付ける	シーツ・枕カバーを 交換し、洗う	カーテンを 洗う
床の 拭き掃除をする	エアコン 掃除をする	窓を拭く	ベランダを 掃除する	シャンプーや ボディソープを 補充する
玄関の 掃除をする	資源ゴミを 分別する	資源ゴミを 出す	古新聞・古雑誌を 処分する	粗大ゴミ回収を 予約する
リモコンなどの 電池交換をする	家電などの 大物を買う	宅配便の 依頼・受け取り	家計簿を つける	通帳記帳や 資産運用を行う
常備薬の 在庫確認と補充	家の 防犯対策をする	住宅設備の 故障への対応	水トラブルへの 対応	害虫の 駆除

参考：AERA「共働きの家事育児100タスク表」、味の素「家事うぃ～ん」

ひとり暮らしの家事一覧

朝	カーテンと窓を開ける	布団をたたむ	お茶・コーヒーを入れる	朝食を作る	米を研ぎ、ご飯を炊く	
	お茶をつくりおきする	水筒にお茶を入れる	ペット・植物の世話をする	タオルを取り換える	洗濯物を集め、洗濯機を回す	
夕	夕食の買い出しをする	夕食を作る	コンロ周りを拭く	食べ終わった食器をシンクに運ぶ	夕食の食器と調理器具を洗う	
	浴槽にお湯を張る	洗濯物を取り込む	洗濯物をたたむ	洗濯物をしまう	アイロンをかける	
不定期	食事をつくりおきする	調味料や食用油を補充する	ストック食材の在庫確認と補充	まな板の除菌や漂白をする	ふきんの除菌や漂白をする	
	洗濯洗剤・漂白剤などを補充する	洗濯機のゴミフィルターを掃除する	黄ばんだ衣類を漂白する	クリーニングに出す・受け取る	衣服のボタンをつけ直す	
	部屋を片付ける	家電や家具のホコリを払う	掃除機をかける	掃除機のフィルターのゴミを取り除く	床にフローリングワイパーをかける	
	浴室のカビ取り	生活用品を補充する	トイレを掃除する	洗面用品（石けん、歯ブラシなど）の補充	洗面所・洗面台を掃除する	
	粗大ゴミを出す	不要品をフリマサイトに出品する	引き出しなど収納の中を整理する	照明や冷暖房のスイッチを入れる・切る	電球を取り換える	
	家計を見直す	役所に書類を提出する	公共料金を支払う	親や親戚に連絡する	非常食の在庫確認と補充	
あなただけの家事を書こう						

心地よく
生活するため
（50代 女性）

ひとり暮らしを
している人に聞いた

なぜ私たちは
家事をする
のでしょう？

家事を
ためてしまうと
大変だから
（30代 女性）

家事をしないと
部屋が汚れるから
（20代 男性）

自己管理能力を
高めるため
（30代 男性）

健康であり
続けたいから
（40代 男性）

生活力をつけたいから
（20代 男性）

外食ばかりだと
すぐにお金が
なくなってしまうから
（20代 女性）

自立
したいから
（20代 女性）

本当はやりたくないけれど、
仕方なく……
（40代 男性）

いつか結婚したときに
相手をがっかり
させないため
（20代 男性）

自分以外にする人がいないから
（30代 男性）

自分のため
（40代 女性）

あなたはなぜ
家事をするのでしょうか。
同居人がいる人は、
「パートナーのため」「家族のため」
などと答えられても、
ひとり暮らしの場合、そうはいきません。
しかし、ひとり暮らしの人が
家事をする理由を深堀りしていくと、
"どんなふうに生きたいのか"
ということが
見えてくるかもしれません。

生活を回すため
（30代 女性）

友達や恋人を
部屋に呼びたいから
（20代 女性）

ひとり暮らしの家事がしんどくなるのはナゼ？

食を大切にしていないから
食生活が乱れると、心と体がしんどくなります。腸内環境が悪化して下痢や便秘になりやすくなったり、免疫力が落ちたり、心も少しずつダメージを受けます。

お金を管理していないから
家計管理ができないと、次の給料が入る前に生活費が底をつくなど、生活が成り立たなくなります。金欠は生活の質を低下させるだけでなく、不安感を増大させます。

家事を好きになる前にひとり暮らしの家事のしんどさのワケを探ろう

**そもそも家事の
やり方が
わからないから**

基本のやり方や
効率的に切り回
す方法がわから
ないために、家事
に時間がかかっ
たり、家事が面倒
になったりして、ひ
とり暮らしがしんど
くなることは少な
くありません。

部屋が汚れているから

汚れた部屋は、たまったハウスダス
トにより、気管支炎やぜんそく、感
染症などの健康被害をもたらしま
す。イライラや精神的な落ち込み
など、心に影響を及ぼすことも。

ついダラダラと過ごしてしまうから

ひとり暮らしは自由で楽しい分、自己
管理しないと生活リズムが乱れてしま
います。また、誰かが注意してくれるわ
けではないため、一度崩れたリズムを
元に戻すのは大変です。

ひとりでがんばりすぎているから

睡眠時間を削ってまで家事をしたり、疲
れていても休息することなく家じゅう動き
回るなど、すべてを自分ひとりで完璧に
こなそうとすると息切れしてしまいます。

x

"ついでにやる"
"ちょこちょこやる"
で好きになった

どうすれば
家事を
好きになる？

週末にまとめて
掃除することを
やめたら
家事を負担に
感じなくなった

大変なのは
初心者だから。
慣れたら自然と
できるように
なっていった

インテリアにこり始め、
部屋を自分の好きなもので
いっぱいにしたら
家事も楽しくなった

"今日は○○を○分だけやる"
と時間を設定したら、
苦ではなくなった

掃除は1日5分と決めて
行うようにしたら、
おっくうではなくなった

暮らしが整うのは
気持ちがいい。
一度本気で家事をやると
その快適さを
キープしたくなる

やらない家事を
決めた。
料理は週末だけ!

レシピを見ながら
苦手な料理に挑戦。
友達に振るまったら
喜ばれて、それ以来
料理が好きになった

自分に合う方法を見つけよう

生活していくために家事をすることは必要不可欠だとわかっていても、やる気になれないときはあるものです。しかし、ひとり暮らしでは、家事を切り盛りするのは自分だけ。家事を放棄すれば、生活は立ち行かなくなります。

そこで、家事嫌いを克服した人たちの声を集めてみると、「家事をする時間を限定する」「やらない家事を決める」「ついでにやる」「ちょこちょこやる」など、暮らしに合わせながら家事をしている様子が浮かび上がってきました。家事は毎日することだからこそ、楽しんでやりたいもの。肩の力を抜いて、自分に合うやり方を探ることが、家事を好きになる最大の近道かもしれません。

わたしの家事スケジュール

平日

7:30	起床	
8:30	家を出る	まれに朝食を立ちながら食べる
9:00	大学の研究室へ	
12:00	昼食	だいたい買います
21:30	帰宅	
22:00	夕飯	自炊します
23:00	食器洗い、掃除、洗濯	テスト前はこの時間に勉強します
24:00	入浴	
25:00	就寝	

> 研究が忙しいなか、家事もしっかりやっているね！

休日

13:00	起床	
14:00	朝(?)食	
15:00〜18:00	ドラマを一気見する	
18:30	夕飯の買い出し、料理	
19:30	YouTubeを見ながら夕食	
20:00	課題、研究、勉強を始める	
23:00	課題に取り組む途中で力尽きて寝る	
24:00	起きて食器洗いと掃除	メッセージアプリの返事や友達とおしゃべりすることも
24:30	入浴	
25:30	ベッドの上でゴロゴロ	気がついたら寝ている

家事の工夫

疲れたときこそ自炊して、おいしいご飯を食べるようにしています。毎晩寝る前は、コロコロ(粘着カーペットクリーナー)をするのが日課。お風呂の排水口の掃除は忘れがちなので、汚れが目に見えるようにフタを開けておきます。

Column 1
わたしのひとり暮らし

将来 "ひとり暮らししてよかった" と思える日のためにがんばる

千都さん
(22歳・学生・東京都在住)
ひとり暮らし歴4年

掃除は毎日、洗濯は2日に1度、食事はおろそかにしたくないので、自炊もできるだけしています。友達が遊びに来た後や、実家から戻った後はとてもさびしく感じますが、将来的にひとり暮らしをしてよかったと思う日が必ずくると思ってがんばっています。

好きな家事トップ3

1位　自炊
食べたいものを好きな時間に作れるから。

2位　掃除
床が白く汚れが目立つので、こまめに掃除している。

3位　米研ぎ
ご飯を食べられる、というモチベーションでがんばれる。

苦手な家事トップ3

1位　ゴミ出し
ゴミ袋が地域指定のため、買うのも面倒。

2位　食器洗い
油を使ったときの食器洗いがヌメヌメしていて苦手。

3位　ベッドカバーや枕カバーの取り替え
洗おうと思っても、すでに洗濯機を回してしまっている。

家事の土台づくり

Chapter 1

家事をするための心の持ち方や
有害生物・防犯・防災対策、心のケアまで。
ひとり暮らしをするうえで
知っておきたいことをチェック！

監修／谷川 力（東京ペストコントロール協会）、
　　　京師美佳（防犯アドバイザー）、釜石 徹（マンション防災士）

自分で家事を回すことは楽しい！

自分で自分をコントロールするとは？

家事には、料理・掃除・洗濯といった名前がある家事以外に、トイレットペーパーなどの備品の補充、送られてきた荷物の開封・容器の解体・廃棄、といった家事の担い手以外には見えにくい、「名前のない家事」がたくさんあります。

ひとり暮らしの場合、やり忘れた家事は誰もフォローしてくれません。テーブルに置きっぱなしにしたコップは、あなたが片付けない限りそこにあります。

しかし、それは逆に、自分で自分の生活を全部コントロールできるということです。好きな料理を作って食べられるし、勝手に部屋を片付けられることもありません。ひとりで滞りなく生活を回せるようになれば、あなたも一人前。どうぞ新生活を楽しんでください。

✧ ひとり暮らしをしている人の年齢層

2020年の国勢調査によると、ひとり暮らしをしている人は、25〜34歳で高めという結果に。同調査では、ひとり暮らしが世帯全体の38%を占めていることもわかっています。

● 年代別・男女別のひとり暮らしの人数

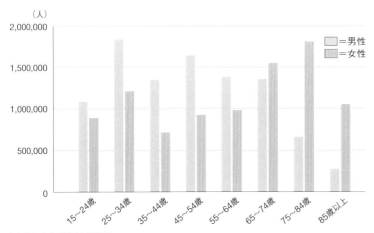

出典：令和2年「国勢調査」（総務省）

令和2年の国勢調査は、日本全体で単身世帯が増加している結果になったよ

ひとり暮らしで家事をしないとどうなるか

自分のペースで生活できるのはひとり暮らしの大きなメリットですが、家事を行う人は自分だけ。家事を放置すれば部屋が汚れ、生活の質が落ちます。また、不衛生になると、病気にもかかりやすくなります。

汚れた食器や
汚れた衣類が
たまる

ゴミや
ホコリが
たまる

冷蔵庫が
空っぽになる

ハエや
ゴキブリなど害虫が
発生する

台所のシンクや
洗面所、浴室に
水あかがついたりカビが
発生したりする

お金の
管理が
できなくなる

心も体も
疲れやすくなる

税金や
光熱費の支払いが
滞り、信用情報に
傷がつく

体調が
悪くなったり、
病気にかかりやすく
なったりする

トイレが汚れ、
においを
放つようになる

自分で家事を行う楽しみやメリットを知る

家事の楽しみやメリットは多数あります。自分にとって心地よい住環境をつくり、自分ひとりで家事をこなす達成感や満足感を得ることは、ひとり暮らしの醍醐味と言えるでしょう。

ひとり暮らしの家事の楽しみ

おしゃれな料理を作って食べる

あこがれの家電を使う

好みのインテリアで統一する

部屋中の壁に推しのポスターを貼る

自分にとっての心地よさの追求

ひとり暮らしの家事のメリット

生活するうえで必要な家事能力や
金銭感覚が身につく

家事を通して自分らしさを発見したり、
確認できたりする

ちゃんと生活しているという
自信が持てるようになる

達成感・満足感

家事の"当たり前"を見直す

同居人がいる場合とひとり暮らしとで家事は異なる

初めてひとり暮らしを始める人が、無意識に真似をするのが育った家のやり方。もちろん参考にすればよいですが、同居人がいる生活とひとりの生活では、家事の勝手は異なります。

例えば、揚げものが大好きでもひとり分は作りにくい、麺類は作りやすいなど向いている料理もちがいます。一方で、掃除も洗濯も、やるべき家事の量は少ない。フローリングのワンルームなら、掃除機を使わなくても済むかもしれません。

とはいえ、今まで家事をあまりしてこなかった人は最初、ひとりで切り盛りするのは大変でしょう。家事以外の生活も楽しむために、以下でご紹介する方法を参考に、自分なりのペースで快適に暮らせる頃合いを見つけましょう。

✦ 実家の家事とひとり暮らしの家事

育った環境で身につけてきた家事の"当たり前"は、必ずしもひとり暮らしの生活には当てはまりません。自分のルールを作ると、家事はもっとやりやすくなります。

例えば……

実家での"当たり前"	ひとり暮らしの場合
料理によって食器を換える	ワンプレートなど自分の好みで盛り付ける
掃除も洗濯も毎日行う	必ずしも毎日しなくてOK
食材や生活用品を買い置きする	食材は必要なときにその都度買う
バスマットやトイレマットを敷く	バスマットやトイレマットは使わない

実家での"当たり前"とひとり暮らしの家事は同じじゃなくていいんだ

初めてのひとり暮らしにありがちな失敗と対処法

ひとり暮らし経験が浅い時期には、失敗はつきものです。以下にまとめたよくある失敗と対処法をチェックし、1つずつ乗り越えていきましょう。

食事編

✕ 料理を作りすぎる

- 冷蔵・冷凍保存する
- リメイクするなど何日かに分けて食べる
- 友達を呼んで一緒に食べる

✕ 冷蔵庫の食材を腐らせる

- まとめ買いしたものは小分けにして冷凍にする
- 買い出しはこまめに行い、食べ切れる分だけ買う

✕ 栄養バランスが偏る

- 不足しやすい栄養素(タンパク質・ビタミン・ミネラル)を意識的に摂る
- 外食で定食を注文する

掃除・片付け編

✕ 洗いものをためてしまう

- 食後すぐに食器を軽くゆすぎ、汚れを落としやすくする
- ワンプレートにするなど、食器の数を減らす

✕ 掃除をするのか面倒て部屋か汚れる

- 不要品を処分し、ものを減らす
- あまり床にものを置かないよう注意する

✕ トイレがにおう

- においの発生源となる箇所(64ページ参照)をウエットシートで拭き取る習慣をつける
- 換気扇をつけっぱなしにする

洗濯編

✕ 洗濯物が乾かす着るものかなくなる

- 2、3日分は余裕があるように洗濯しておく
- 梅雨の時期や忙しいときはコインランドリーを活用する

✕ 洗濯物を干すのを忘れる

- 洗濯物ににおいがついてしまった場合は、40〜50℃のお湯に30分間つけ置きし、脱水してから干す

家計管理編

✕ 生活費を使いすぎる

- 手取り収入に対する理想の家計バランスを見直す(41ページ参照)
- ピンチのときの現金を手元に用意しておく

 自分なりのペースを見つける

継続できるか
続かないのは、どこかに無理があるから。頻度や内容のハードルを下げて、継続できる仕組みを構築しましょう。

ラクにできるか
歯みがきのように、無意識に毎日当たり前のようにできるとラク。ルーティンとして、家事を生活の中に組み込むと◎!

心地よく暮らせるか
家事を放置しても、家事に追われすぎても快適には暮らせません。心地よさをキープできる部屋をめざしましょう。

日用品の在庫管理や
設備故障の対処も大切な家事

ひとり暮らしは、自分で管理しなければ生活が回りません。ラップや電球などの備品も、食材や調味料も、切羽つまって必要なときに買い忘れが判明しては大変です。ただ、安売りしていたから、と持ちすぎると部屋が狭くなります。また、食品は消費期限が切れてしまう場合があるので、非常用以外は買いすぎないようにします。必需品は次回の分、ぐらいの感覚で買い置きしましょう。

トイレがつまった場合は、ラバーカップで引き上げるなどの方法で対処できます。ダメなら借りている部屋の管理会社に連絡を。エアコンその他、あらかじめついていた設備が壊れたときや、周囲の部屋がうるさくて困る、などのトラブルも、まず管理会社に相談を。

◇◇「日用品リスト」で在庫管理する

生活していくために必要な日用品は必要最小限をストックしておきます。以下のようにリストで管理すれば、ムダ買いを防げるうえに、買い物に行く回数を減らすことができます。

● 日用品リストの例

キッチン

- 台所用洗剤★
- 食器用スポンジ★
- ラップ・
  アルミホイル類
- ゴミ袋★
- 三角コーナー用
  ネット

浴室

- シャンプー、
  コンディショナー
- ボディソープ
- 洗顔料・
  クレンジングオイル
- バス用洗剤

その他

- ティッシュペーパー★
- 電球★
- 乾電池★
- 掃除用品

洗面所

- 歯ブラシ★
- 歯みがき粉
- ハンドソープ・
  石けん★
- 洗濯用洗剤
- 化粧水、乳液
- ヘアスタイリング剤

トイレ

- トイレットペーパー★
- トイレ用洗剤
- 生理用ナプキン★

残りが
少なくなったら
補充するくらいの
ペースでOK

★印はストックがあったほうがよいもの

ひとり暮らしのストック食材

忙しいときや病気のとき、そして災害などの非常時にも役立つのがストック食材です。たくさん買い置きする必要はありませんが、よく使うものや好みのものをそろえておきましょう。

日持ちする食材	レトルト食品	常温で長期保存できる食材	調味料
卵（冷蔵保存で2週間）	レトルトご飯（8カ月～1年）	ツナ缶（約3年）	しょうゆ（ペットボトル容器入り：1年半）
プロセスチーズ（冷蔵保存で1～2週間）	レトルトカレー（1～2年）	サバ缶（約3年）	塩（賞味期限なし）
サラダチキン（冷蔵保存で2週間前後）	レトルトのパスタソース（1～1年半）	乾燥スパゲッティ（約3年）	こしょう（ホールは3年、パウダーやあらびきのものは2～3年）
ウィンナーソーセージ（冷蔵保存で3週間前後）	インスタントみそ汁（6～8カ月）	乾燥そば（1～3年）	砂糖（賞味期限なし）
キムチ（冷蔵保存で20日前後）	パウチのスープ（6カ月～1年）	カレーやシチューのルー（1年前後）	サラダ油（1～2年）
冷凍うどん（冷凍保存で約1年）	カップ麺（約1年）	コーンフレーク（約6カ月）	オリーブオイル（1～2年）
冷凍ピラフ（冷凍保存で約1年）			チューブ調味料（1～4カ月）
			鶏がらスープの素（1年半～2年）
			固形コンソメ（約1年）

住まいのトラブル対処法

日々の暮らしの中では、設備の故障や破損をはじめとする住まいのトラブルが発生することがあります。いざ困りごとに直面したときにあわてないためにも、対処法をチェックしておきましょう。

エアコンの故障

管理会社や大家さんに連絡

初期設備として備え付けられているエアコンや給湯器、ガスコンロなどは、管理会社を通じて修理の手配を。

上の階からの水漏れ

被害にあった場所を写真に撮る

被害状況を確認できるよう写真を撮ります。家財道具がぬれないように応急処置をし、管理会社へ連絡を。

ほかの部屋がうるさい・ゴミ出しのトラブルなど

管理会社に連絡

自分で解決しようとせず、管理会社に連絡を。どんな音が何時頃聞こえるのか、ゴミ出しの状況など詳細を具体的に伝えましょう。

浴室の排水口がつまった

ゴミを取り除く、ラバーカップを使う

髪の毛などのゴミを取り除き、ラバーカップで吸い上げてもつまりが解消されない場合は、管理会社に連絡を。

窓が割れた

段ボールで応急処置

ケガに注意しながら破片を集めたら紙袋に入れます。割れた窓に段ボールを貼りつけて、管理会社に連絡を。

自分で業者を手配しないことが大事なんだね

4 害虫や害獣など有害生物の対策

室内に入れない・暮らしやすい環境をつくらない

人間にとって都合が悪い害虫や害獣。カラス、ハト、ムクドリ、ネズミは都会に適応し爆発的に増え、ネズミ、ハエ、蚊は病気を媒介するリスクがあります。

身を守る第一の方法は、部屋に入れないこと。網戸は必ず閉めましょう。次は害虫・害獣が入っても、暮らしにくい環境をつくる。室内塵性のダニは高温多湿で増えるので万年床にしない。生ゴミなどが散らかっていたり、水がたまっていると、ネズミやゴキブリの餌になります。

ネズミやゴキブリは、見つけたら駆除します。ネズミについては、27ページの相談窓口に連絡を。ハエが大量に発生したら、粘着シートを部屋の複数箇所に貼って発生源を確かめ、ゴミを捨てるなどの対策をとり原因を断ちましょう。

✦ 害虫・害獣とは?

人間の生活に害をもたらす害虫や害獣(哺乳類)、害鳥をまとめて有害生物と呼びます。日本国内のおもな害獣はネズミ・ハクビシン・アライグマ・イタチなどです。

● 害虫や害獣が発生しやすい物件の特徴

飲食店が近い

食品が豊富にあり、食品ゴミも多い飲食店にはゴキブリやネズミが集まりがち。特に自宅がある建物の1階が飲食店だとリスクが高くなります。

公園や水辺が近い

ゴキブリやダニ、ムカデなどの害虫は川の近くなど、湿度の高い場所を好みます。公園や緑地近くでは、蚊やハチなどの害虫被害や、鳥被害が増えます。

気密性が低い

害虫はわずかなスキマからも侵入します。鉄筋コンクリートよりも木造、築年数が浅い物件よりも古い物件のほうが気密性が低い傾向にあります。

3階以下にある

3階以下の低層階は高層階と比べて害虫が侵入しやすいです。害獣被害が多いのは一戸建てですが、アパートの3階の天井裏まで侵入することも。

湿気がこもりやすい

日当たりの悪いアパートやマンションの1階など、湿気がこもりやすい場所に害虫は集まります。カビも発生しやすいので、注意が必要です。

近隣のゴミの管理状況が悪い

収集日に関係なくゴミが出されていたり、散乱したゴミが放置されていたりすると、害虫の温床に。共同ゴミ置き場が不衛生な場合も要注意です。

建物が古い

古い家は気密性が低いうえに経年劣化で外壁に穴があくなどの欠損が起こりやすくなります。そこが害獣の侵入経路になる場合も。

玄関にドアポストがついていると、スキマから虫が侵入する可能性も!

ゴキブリやダニなどの害虫対策

害虫の侵入を防ぐには、侵入経路となりそうなスキマを徹底的にふさぐことや、よく換気して部屋の湿気を取り除くこと、こまめに掃除をして清潔を保つことが有効です。

ゴキブリ

- ベランダや玄関先にゴミを置かない
- 生ゴミをためない
- 段ボールはすぐに処分する
- 湿気をためない
- 使用していないときはキッチンの排水口にフタをする

ダニ

- こまめに掃除をする
- シーツは週1回、枕カバーは週に2回洗濯する
- 窓を開けて換気する
- ダニが発生しやすい6〜8月にコインランドリーの乾燥機を利用する

ハエ

- 生ゴミや食べ残し、飲み残しを放置しない
- 排水口など水回りを清潔にする
- 観葉植物を置かない

ハチ

- 通気口や換気扇フードにネットを張る
- 女王バチしかいない春先に巣を駆除する（巣が大きくなる夏から秋は専門業者に任せる）

ムカデ

- 湿気がこもらないようにする
- エアコンのダクト周辺や窓のサッシのスキマにテープを貼る

ハトがベランダに巣をつくり始めたら……

つくり始めたばかりのハトの巣を見つけたら、速やかに撤去します。ハトのフンには病原菌が含まれるため、マスク、手袋、ゴーグル、長袖の服で完全防備して行いましょう。ハトの巣の中に卵がある場合は鳥獣保護法により無断で撤去することができないので、自治体に連絡します。ハトが巣をつくろうとしている段階なら、追い払えばOK！

害虫・害獣トラブルの相談窓口

住宅設備に問題があり、虫が室内に侵入しやすい状態であるなどのケースを除き、駆除は入居者が行うのが一般的です。まずは自治体や保健所に問い合わせましょう。

自治体

害虫・害獣駆除業者の紹介や、害獣用の捕獲機の貸し出しを行っています。被害に応じて補助金を支給する自治体も。

保健所

ネズミや蚊、ゴキブリ、ダニ、ノミなど衛生害虫の発生防止や駆除対策の相談、害虫駆除業者の紹介を行っています。

電話番号をメモっておいてもいいね！費用面でもまずは公的機関に相談してみよう

害虫はスマホで撮影し、検索するなどして種類を確かめてから相談するとスムーズです

東京ペストコントロール協会
谷川 力さん

侵入者が嫌がる4原則
「音」「光」「時間」「人の目」

ひとり暮らし向けの部屋は、駅から近い場合が多いですが、実は駅、コンビニ、公園の近くは人ごみに紛れて逃げやすいため、侵入者にとってもとても便利です。

侵入者が苦手なのは音と光、時間がかかること、人の目です。戸締まりをするのはもちろん、補助錠を付ける、防犯ステッカーを玄関に貼るといった防犯対策は低コストでできるものが意外に多いです。窓辺に観葉植物を置くなど、侵入の際、邪魔になるものを置くのも手です。

旅行などでしばらく家を空けるときは、あらかじめ郵便や宅配便などの届け物を各所に連絡してストップさせ、玄関灯をつけっぱなしにするといった留守がわからないような住まいの防犯対策を、しっかり行っておきましょう。

✳ 侵入者が好む条件とは?

侵入リスクの高い住宅には、立地などに共通点があります。自分の家が以下の条件に当てはまる場合は、防犯対策を強化することをおすすめします。

駅から半径 500m以内にある

駅から近い場所にある物件は、犯行後に素早く逃げることができるため、ターゲットにされやすい傾向にあります。駅から10分圏内の場合は要注意!

共同住宅の 1階部分

マンションやアパートの1階はたやすく侵入できます。外から室内の様子がわからないよう、こまめにカーテンをしましょう。

壁や樹木などの 死角が多い

人目につきにくい死角が多いほど侵入者の犯行はスムーズに。人通りが少ない道に面した住宅も、同じ理由から狙われやすいです。

無施錠の部屋

警察庁の統計によると、空き巣が侵入する手口で最も多いのが無施錠の場所からの侵入。2階だからとベランダを無施錠にしておくのも危険です。

道路灯、外灯が なく暗い

周辺道路を照らす道路灯が少なかったり、玄関灯がなかったりと、夜間、周囲に暗がりができる住宅は侵入者が好みます。

留守が多い

留守にしている時間が多いかどうかは空き巣が重視するポイントです。留守であっても留守だと悟られない工夫があれば、リスクは下がります。

● 住宅侵入窃盗認知件数(2022年)

1万5,692件

1日に約43件の空き巣被害が発生

管理人のいない物件も侵入被害に遭いやすいといわれているよ

出典:警察庁「住まいる防犯110番」

侵入者を寄せつけない対策

侵入者を寄せつけない家にするためには、侵入者が苦手な「音」「光」「時間」「人の目」を意識した対策を行うことです。ホームセンターなどで購入できる防犯グッズの活用も効果的です。

音	・ガラスを破られたり窓を開けられたりすると警報が鳴る**窓センサー**(656円〜)を取り付ける	光	・玄関やベランダに人の動きを感知して光る**センサーライト**(200円〜)を設置する
時間	・窓や玄関ドアに**補助錠**(297円〜)を取り付けて1ドア2ロックにする ・窓に**防犯フィルム**(105円〜)を貼る ・玄関ドアに**防犯サムターンガード**(295円〜)を取り付ける	人の目	・周囲からの見通しをよくするために玄関先や窓など侵入経路に死角を作らない ・**防犯カメラ**(3,753円〜)を設置する ・**カメラ付きインターホン**(1,880円〜)を設置する

※防犯グッズの価格は「価格.com」調べ(2024年1月15日現在)

 こんな方法も

不用意に玄関ドアを開けない

空き巣は犯行前に下見をし、周辺環境や侵入しやすさをチェックしているといわれています。訪問販売や営業を装ったり、工事や点検を行う業者に扮したりして、インターホンを鳴らすことも。宅配便はドア置きにしてもらうなど、できるだけ玄関ドアを開けないで!

普段から自己防衛の意識を持つ

犯罪者は、常にターゲットとなる人を探しています。犯罪者に付け入るスキを与えないよう注意しましょう。SNSでは、個人の特定につながる情報をアップしないことも大事です。

夜道の歩きスマホやイヤホンの使用をやめる

スマホや音楽に気を取られていると、背後から忍び寄る犯罪者に気付けません。人通りの少ない道や夜道は特に注意して。

郵便受けの防犯対策を徹底する

郵便物から個人情報が抜き取られ、犯罪に発展するケースは少なくありません。郵便受けは常に空にし、必ず鍵を取り付けて。

女性は、女性だと悟られない工夫をする

犯罪者は、洗濯物やカーテン、玄関先の靴などから女性かどうかを判断します。男性ものの服や靴で防犯対策をするのも有効です。

帰宅したらすぐに施錠する

後をつけてきて、帰宅してドアを開けたと同時に押し入る手口もあります。自宅に着いたら背後に注意を払いましょう。

自宅周辺の写真をSNSにアップしない

自分はSNSの公開範囲を「友達だけ」にしていても、別の友達の設定によって情報が流出する場合があります。

ストーカーやDV、悪質商法などの悩みは#9110番へ

犯罪に当たるのかはわからないけれど、心配なことがある場合は、警察相談専用電話「#9110」に相談しましょう。

犯罪者は、ターゲットの行動パターンを調べます。パターン化できないアクティブな人は狙われにくいので、ぜひ人生を楽しんでください

防犯アドバイザー
京師美佳さん

1週間以上引きこもれる部屋をめざす

大都市で震度6以上の大地震が起きると、交通機関やライフラインが寸断され、しばらくはSNSが使用できなくなり、大混乱が起きることが予想されます。二次災害を避けるため、1週間は部屋に籠城する覚悟で、食糧などをストックしておきましょう。

震度7に耐えるのは、1981年6月以降に建築確認された新耐震基準の建物で、マンションなら1年後以降に竣工した物件が確実です。水害はハザードマップが目安になりますが、想定以上に水が広がる可能性もあるので、標高5メートル以上の場所を選びましょう。火災は鉄筋コンクリートのマンションの場合、ほかの部屋まで燃え広がる危険はほぼないですが、室内消火器を備え、出火したらすぐ消します。

在宅避難のメリット・デメリット

大地震や豪雨などの災害時、倒壊や焼損、浸水、流出の危険性がない場合にそのまま自宅で避難生活を送ることを在宅避難といいます。

⭕ メリット	❌ デメリット
・住み慣れた自宅で避難生活が送れる ・プライバシーを確保することができる ・トラブルに巻き込まれたり、犯罪被害に遭うリスクが小さい ・感染症にかかるリスクが小さい ・心理的な負担を軽減できる	・支援物資や情報を得るために、定期的に避難所へ出向かなければならない

学校避難所では人口の10〜15%しか収容できず、備蓄食料も限られている！

● 避難所への避難が必要なのはどんなとき？

緊急避難

・自宅の損壊が大きいとき
・周辺家屋や施設に火災が発生したとき
・津波・土砂災害・浸水の危険があるとき
・避難勧告・避難指示が発動されたとき

生活のための避難

・室内の被害が大きく生活に支障をきたすとき
・ライフラインが途絶えて食事や排せつなど日常生活の維持が困難なとき

1週間を乗り越えるために必要な備蓄

大規模災害が発生したときには、1週間分の備蓄が望ましいとされています。備蓄食材は定期的に消費し、食べた分だけ買い足していく「ローリングストック」にすればムダがありません。

● 備蓄食材の例（1週間分／大人1人の場合）

- 水1日3L×7日間分
- カセットコンロ、カセットボンベ6本
- レトルト食品（カレーや牛丼の素など9個、パスタソース3個）
- 缶詰（お好みのもの9缶）
- 無洗米1kg1袋
- アルファ米などパックご飯3個
- 乾麺（そうめん1袋・150g、スパゲッティ1袋・500g）
- 調味料（しょうゆ、塩、砂糖、めんつゆなど）
- 野菜ジュース

あると便利！
- インスタントみそ汁や即席スープ
- 梅干し、海苔
- 日持ちする野菜（じゃがいも、玉ねぎなど）

 こんな方法も

ポリ袋調理を身につけておこう

ポリ袋調理とは、食材や調味料をポリ袋に入れて混ぜたり、鍋底にお皿を敷いた鍋で湯せんしたりする調理方法です。最小限の資源と道具で調理できるため、災害時に電気やガスが使えない場合にも大変便利です。詳しい方法は139ページをチェック!

そもそも災害に強い物件とは?

いつ大地震が起きてもおかしくないといわれています。また、近年は自然災害が多発化・激甚化しています。安心して暮らすためにも、災害に強い住居に暮らすことが重要です。

耐震性の高い物件を選ぶ	少なくとも1981年の新耐震基準をクリアしている物件を選んで。より高い耐震性を求めるなら2001年以降の物件がベスト。
ハザードマップを確認してから選ぶ	国土交通省が運営する「ハザードマップポータルサイト」で確認できます。「土砂災害」「洪水」「津波」の想定地域はできるだけ避けて。
2階以上の物件を選ぶ	1階部は豪雨による浸水の危険性もあるため、2階以上の部屋を選びましょう。

ほかの地域の人と、いざとなれば身を寄せられる関係を築き、疎開する際に必要なお金を手元に用意しておきましょう

マンション防災士
釜石 徹さん

7 健康管理はひとり暮らしの土台

日頃から病気やケガの備えをしておこう

実家を離れ、初めてひとり暮らしをする人が、さびしくつらいときがあるのは当たり前。友達とおしゃべりする、好きなことをするなど、気分転換を心がけましょう。せっかくひとり暮らしをするのですから、自分の世界を楽しめるものを部屋に飾るのもよいですね。地元に似た風景の場所を見つけて出かける、写真集やスマホにストックした画像などを眺め、気分を紛らわせるのもよいでしょう。

眠れない、無気力といった不調が続いたときは学校や会社のカウンセリング室などに、相談しましょう。

病気やケガも、ひとりだと不安が大きくなりがち。近所の病院や夜間診療の状況は、あらかじめ確認しておきましょう。常備薬、救急箱も用意しておきます。

✨ 心が弱っているときの4つのサイン

強いストレス状態や心の不調が続くと、うつ病を発症することがあります。以下の項目で当てはまるものが多い場合は、早めに医療機関（おもに精神科）を受診しましょう。

イライラサイン	ヘトヘトサイン	不安サイン	ウツウツサイン
• 意味もなくイライラすることが増えた	• 疲れやすく、何かをする気力が起きない	• 気持ちが落ち着かない	• 何をするにも元気が出ない
• 怒りっぽい	• だるくて体が重い	• 胸がドキドキする	• 気分が沈む
• 周囲とトラブルを起こしやすい	• 日中、激しい眠気に襲われる	• 理由もなく不安を感じる	• 憂うつだ
• 気分の波が激しい	• 食欲が湧かない	• 息苦しさを感じる	• 物事に集中できない
	• 食事がおいしく感じられない	• 寝つきが悪い	• これまで好きだったことが楽しめない
		• 夜中や明け方に目覚めてしまい眠れない	• 仕事や勉強が手につかない
			• 悲しいと感じる

頭痛やめまい、首や肩のコリなど、体の不調となって表れる場合もあるよ

生活が大きく変わるひとり暮らし。自分で思っている以上に、心に負担がかかっている場合があるので、早めにケアしてくださいね

著者
阿古真理さん

ひとりで悩まず相談しよう

不安や心配ごとがあるときや誰にも相談できずに苦しい思いを抱えているときなどは、相談機関や相談窓口を頼りましょう。話を聞いてもらうことで心が軽くなったり、解決の糸口が見つかったりすることは少なくありません。

● 悩みに耳を傾けてくれる相談機関・相談窓口

相談機関・相談窓口	相談できること	電話番号	QR
働く人の「こころの耳電話相談」	■メンタルヘルス不調について ■過重労働による健康障害 ■ストレスチェックを受ける方法について	☎ 0120-565-455（フリーダイヤル） 月・火曜17:00～22:00／土・日曜10:00～16:00（祝日、年末年始はのぞく）	[QR]
こころの健康相談統一ダイヤル	■心の悩み、命の相談、精神的つらさなど	☎ 0570-064-556（ナビダイヤル） 曜日、受付時間は地域によって異なる（祝日、年末年始はのぞく）	
よりそいホットライン	■暮らしの困りごと、仕事や住居のこと ■心のこと、お金のこと、病気のこと ■犯罪のこと、性のこと ■DV・性暴力のこと	☎ 0120-279-338（フリーダイヤル） 365日24時間対応。 ☎ 0120-279-226（フリーダイヤル） 岩手県、宮城県、福島県からおかけになる場合 365日24時間対応	[QR]
いのちの電話	■自殺を考えるほどつらい	☎ 0120-783-556（フリーダイヤル） 毎日16:00～21:00、毎月10日8:00～翌日8:00 ☎ 0570-783-556（ナビダイヤル） 365日10:00～22:00※各地のセンターの番号は「日本いのちの電話連盟」のホームページに掲載	
みんなの人権110番	■差別や虐待、ハラスメントなどさまざまな人権問題について	☎ 0570-003-110（ナビダイヤル） 月～金曜8:30～17:15	[QR]

ひとり暮らしの健康管理

ひとり暮らしで感じる不安の中でも大きいものの1つに、病気やケガへの不安があります。普段からの健康管理はもちろん、救急セットの用意や近所の病院の連絡先を調べるなど備えておくことが大切です。

食事・睡眠をしっかりと

暴飲暴食や夜ふかしを繰り返せば体調不良に。バランスのいい食生活と快眠が健康管理の要です。

救急セットを用意しておく

消毒液、ガーゼ、包帯、医療用テープ、ばんそうこう（大・小）、体温計、常備薬（頭痛薬、胃腸薬など）は最低限用意を。

健康診断を定期的に受ける

会社や学校、自治体の健康診断は必ず受けましょう。軽いうちに異常を見つけて病気を予防することにもつながります。

近所の病院や夜間診療の状況を調べておく

具合が悪いときに一から病院を探すのは大変です。近隣の病院と夜間や休日に受診できる救急病院の電話番号を控えておいて。

 激痛・呼吸困難・体が動かないときはただちに119で救急車を呼んで

緊急性を感じる場合は迷わず「119」で救急車を呼びます。救急車を呼ぶべきか、また病気やケガの対処で迷ったときには救急安心センター「#7119」へ。医師・看護師など専門家に電話で相談できます。

ときには誰かと協働してみよう

ひとりだと面倒なこともみんなでやれば楽しい

友達を呼んでホームパーティーや家飲み会を開く、恋人と一緒に過ごすなど、気軽に人を呼べるのも、ひとり暮らしの醍醐味の1つです。

餃子やカレー、鍋ものなど、人数が多いほど楽しくおいしい料理をこの機会に作ってみるのはいかがでしょう。持ち寄りで得意料理を教え合う、あるいは気になるレトルト食品、デパ地下総菜を買って食べ比べするのも楽しそうです。

ひとりだと面倒な家事も、みんなでやれば楽しく、新しい知恵も交換できます。必ずしも自宅に招かなくても、近所でピクニックする、友達の家を訪ねる、キャンプをするなど出かけるのもいいですね。お互いに普段とちがう側面を見つけて、より親しくなれるかもしれません。

✨ ホームパーティーを企画する

ホームパーティーは、ひとり暮らしのさびしさを解消してくれるだけでなく、料理や片付けなど家事をする時間を楽しいひとときに変えてくれます。

● ホームパーティーのアイデア

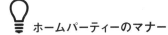

得意料理の自慢大会	お気に入りの お菓子持ち寄り会
たこ焼きパーティー	手巻き寿司パーティー
ワインの飲み比べ	ドラマ一気見大会

人を招く場合も自分ひとりで用意しようと思わないことが大事。みんなで料理を持ち寄ったり、一緒に料理したりする企画にすれば、無理なく楽しめます。

💡 ホームパーティーのマナー

人を招くとき

• みんなに手伝ってもらう

• 玄関、トイレ、洗面所の掃除は念入りに

招かれたら

• 率先して家事を手伝う　• 片付けはきちんと行う

• おいとまは訪問者から切り出す

• そのままの服でベッドに座ったり、冷蔵庫を勝手に開けたりしない

ご近所に
迷惑がかかるほど
騒ぎすぎないように
注意して!

✨ ひとり時間でしていることを仲間としてみる

生活の管理が負担になってきたら、普段ひとりでしていることを、あえて誰かと一緒にしてみることがおすすめです。日常に新鮮さを取り戻すことで気分が上がり、やる気も出てくるでしょう。

体を動かす

待ち合わせてジョギングしたり、同じジムやピラティスに通ったり。運動が習慣化しやすくなる点もメリットです。

習い事をする

料理教室に通ったり、陶芸や金継ぎなど伝統工芸の習い事を一緒にしたり、手仕事のワークショップに参加しても。

街歩きをする

カフェめぐり、神社仏閣めぐり、パンの食べ歩きなどのテーマ別や沿線途中下車など、いろいろなアレンジができます。

日帰り温泉やスパに行く

月に1度、日帰り温泉の会など、イベントにすると盛り上がります。気になるスパを順番にめぐるのも楽しめそうです。

美術館や劇場に行く

ひとりでじっくり鑑賞するのが好きな人も、誰かと一緒に観ることで、新しい気づきがあるかもしれません。

公園を散歩する

近所に公園があれば、一緒に散歩したり、ピクニックしたりするのもよいリフレッシュとなります。

私が初めてひとり暮らしをしたときは、家じゅうが全部自分のもの！と出世した気分になりました。生活の管理は大変かもしれませんが、自分のやり方を見つけるいい機会をぜひ楽しんで

著者
阿古真理さん

✨ アウトドアで気分転換する

ひとり暮らしの気分転換にピッタリなのが、アウトドアです。美しい景色を眺めることや、人との楽しい交流は、ストレスの軽減や幸福度の向上につながります。

● アウトドアライフを楽しむメリット

自然の中でリフレッシュできる	調理や片付けもみんなでやると楽しい	アイデアを交換して新しい知識を得ることができる
緑豊かな森林など自然の中で過ごすと、ストレスホルモンが減少することがわかっています。また、リラックスすると働く副交感神経が優位になります。	キャンプやバーベキューなどでは、みんなで一緒に料理するシーンもあるでしょう。ワイワイおしゃべりをしながらの調理や片付けは楽しく、いい気分転換になります。	どんな料理にも合う万能タレのレシピを教えてもらったり、おすすめのキャンプ場を教えてあげたり。情報のシェアが活発化するアウトドアシーンならではの楽しさです。

キャンプや川辺でのバーベキュー、公園でのピクニックなど、アウトドアを楽しもう！

ひとり時間とはまたちがう楽しみが広がるね

わたしの家事スケジュール

平日

8:00	起床	コーヒーを淹れます
8:30	身支度、部屋の掃除	ホコリが嫌いなので、少なくとも2日に1回はします
9:00	登校	
21:00	帰宅	
21:15	筋トレ、シャワー	
21:45	夕食の準備、夕食	
23:00	夕食の片付け	
23:15	リラックスタイム、英語の勉強	
24:15	就寝	

掃除は平日にちょこっと、休日の午前中にじっくりやっているんだね

休日

9:00	起床	
9:30	洗濯、居室・洗面台などの掃除	
11:00	勉強	
12:00	昼食の支度、昼食	
13:30	昼食の片付け	
14:00	勉強	
19:00	買い物	買い出しのあとは食材を冷凍保存
19:30	筋トレ、シャワー	
20:00	夕食の準備、夕食	
21:00	夕食の片付け	
22:00	リラックスタイム、英語の勉強	
24:00	就寝	

家事の工夫

食材は、適当に買ってきてほとんど冷凍保存し、買い物の回数を減らしています。基本的にムダなものは買わずに、おこづかい帳を必ずつけています。服は1回着ただけで洗濯すると生地が傷むので、冬は3回目で洗うようにしています。

後回しにしがちな トイレ掃除は スマホの通知設定で管理

翔吾さん
（24歳・大学院生・京都府在住）
ひとり暮らし歴6年

家事は自分にとって身の回りのメンテナンスだと思っています。自炊は節約につながると考えてやっています。後回しにしがちなトイレ掃除は、スマホに通知が来るようにしています。ひとり暮らしでしんどいと思うのは、風邪のときや疲れたときにご飯がないことです。

好きな家事トップ3

1位　自炊
楽しい。おいしい料理ができるとうれしい。

2位　洗濯
動画鑑賞など、ほかのことをしながら作業できるから。

3位　部屋の掃除
ホコリが嫌いだから。

苦手な家事トップ3

1位　トイレ掃除
汚い！

2位　食器洗い
食後の動きたくないときにする必要があるから。

3位　シーツの洗濯
すごいけつりがたつから。

お金の管理

生活に必要なお金は、どれくらいなんだろう?
お金の流れを可視化して、
上手にやりくりする方法を身につけましょう。

監修／鈴木さや子(ファイナンシャルプランナー)、
　　　安藤宏和(FPオフィスあしたば ファイナンシャルプランナー)

収支のバランスがとれて貯金できる生活設計に

ひとり暮らしをすると、家賃や光熱費、通信費、食費、交際費といった生活費を自分で管理しなければなりません。この機会に家計管理術を身につけ、収支のバランスがとれ、貯金もできる生活設計のやり方を覚えましょう。

クレジットカードや電子マネーが浸透し、現金を使う機会がほぼない人もいる時代です。動画や音楽配信などのサブスクリプションサービス（サブスク）も増えました。意識して、自分の経済状態を把握することが大事です。まず、家計簿アプリを導入して銀行口座、クレジットカードを紐づけ、週に1度はチェックして、自分が普段何にどのぐらいお金を使っているのかお金の流れを把握することから、家計管理を始めましょう。

✧ 1カ月に使えるお金はいくら?

1カ月分の給料やバイト代、仕送りなどの「収入」から必ず出ていく「固定費」を差し引いた額が、「生活費」としてその月に使えるお金です。

		毎月一定額 必要な費用		月によって変わる費用 （変動費）
収入		**固定費**		**生活費**
■ 給料		■ 家賃		■ 食費
■ バイト代	−	■ 水道光熱費	=	■ 日用品代
■ 仕送り		■ 通信費		■ 被服・美容費
		■ 貯金		■ 趣味・娯楽費
		■ 定期代		■ 交際費
		■ 保険料		■ 予備費
		■ サブスクの料金		
		■ スポーツジムや習い事		
		■ 駐車場・駐輪場代など		

（生活費の右側に「使えるお金」）

貯金は固定費に組み込むことが大事なんだね

"余ったら貯金"だと、いつまでたっても貯まらないよ

上手な家計管理に向けたステップ

家計管理の第1ステップは、収入から支出を引いたお金の動き「収支」を把握すること。収支を把握したら、各費目の予算を決めるなど、家計のルールを決めます。家計管理には家計簿を使います。

STEP 1　収支を把握する

38ページを参考に、1カ月の収入から毎月一定額必要な費用を差し引きます。貯金も毎月決って出ていくお金としてカウントするのがポイント。

STEP 2　自分に合った家計管理のルールを決める

食費は毎月これくらいにする、残った生活費はプールしておくなど、自分に合ったルールを決めて。無理なく続けられるルールにするのが大切です。

STEP 3　家計管理の仕組みを作る

家計管理の方法を決めます。家計簿アプリを使う、費目ごとに複数の封筒で予算管理をするなど、やりやすい方法を探しましょう。

● 家計管理の方法いろいろ

- **手書きの家計簿をつける**
  市販の家計簿やノートに書いたオリジナル家計簿に手書きでつけていく。

- **家計簿アプリを利用する**
  スマホやタブレット端末などを使ってアプリに収支を入力して管理する。

- **費目ごとに袋分けする**
  食費や交際費など、費目ごとの予算を別々の封筒に入れて管理する。

- **レシート家計簿にする**
  給料日前にたまったレシートをノートに貼るだけの家計簿にする。

こんな方法も

電子マネーを袋分けのように使う

まず、チャージできる前払い型の電子マネー4〜5種を用意します。次に、「食費は○○ペイ、被服・美容費は○○ペイ」というように、費目別に使う電子マネーを決めて、1カ月分の予算をチャージすればOK!　チャージ金額内でやりくりをします。

忙しい人やズボラさんでもOK! 家計簿アプリって?

家計をスマホで簡単に管理できる家計簿アプリは手書きと比べて手間がかからないので、忙しい人にピッタリ。銀行口座などとの連携機能やレシート読み取り機能、収支の自動集計機能があるものがおすすめ。

● 家計簿アプリでできること　　家計簿・資産管理アプリ利用率 No.1 🔵 Money Forward ME でチェック!

連携機能で家計管理

銀行やクレジットカード、電子マネーなどを連携。日々のお金の出入りを自動で管理できます。ポイントやマイル残高まで、資産総額も一目瞭然です。

レシートを読み取る

レシートをスマホで撮影するだけで、買い物をした日付・商品・金額・店名などの情報が記録されます。さらに自動で商品が費目分けされて便利です。

すべての収支の自動集計

毎月の支出は食費や日用品などに自動で振り分けられます。何にいくら使ったのか、今月はあとどれくらい使えるのかがすぐにわかります。

収支の見直し

過去の収支の振り返りや年間の収支のチェックも簡単。「先月は使いすぎたから今月は控えよう」など、家計の見直しと改善に役立ちます。

セキュリティに不安がある人はエクセルでもOK!

使うべき場面では思い切って
お金を使うことも大事！

家計のうち、家賃・水道光熱費・通信費など定額でかかるお金を固定費、日用品や食費、趣味・娯楽費、交際費などを変動費といいます（38ページ参照）。

使いすぎないようにするには、あえて現金を使うのも手です。1カ月間で使っていい金額を決め、5つに分けてクリアファイルのポケットに現金を入れておきます。毎週そこからお金を使うようにし、出費がかさんだときは5週目のポケットから補填しましょう。お金の使い方はメリハリが大事。ムダ遣いを防ぐ一方、使うべき場面は思い切って使ってみましょう。若いうちは試行錯誤も必要で、したことが人生の糧になりますので、体験自分への投資も忘れないでください。お金は、使ってこそ価値があります。

✧ お金のやりくりができている状態とは？

お金のやりくりとは、収入と支出を上手に管理すること。支出額が収入より少ない場合は、やりくりができていると言えます。

✕ やりくりができていない	○ やりくりができている
収入 < 支出	収入 > 支出
収入に対して支出のバランスがとれていない状態	支出が収入の範囲内に収まっている状態

● お金のやりくりができていない人の特徴

支出を把握していない

衝動買いやムダ遣いが多い

計画性がない

気づけば
お金がなくなっている
というパターンに
おちいりがちだよ

収入に対する理想の家計バランス

お金をやりくりをするうえで知っておきたいことが、理想の家計バランスです。以下のグラフは、1カ月の手取り収入を100%として生活に必要な支出の割合を示しているので、適正な支出額を知る目安になります。

● **手取り月収16万円の場合の家計バランス**　※月の手取り月収16万円と仮定して月額を計算

住居費、固定費、生活費の予算を知り、家計バランスを見直すことで、「貯めるお金」を確保することができます。貯めるお金は、先取り貯蓄（53ページ）の仕組みを作っておくと無理なく貯まります。

・食費
・日用品代
・被服・美容費
・趣味・娯楽費
・交際費
・予備費

生活費 30〜40%
48,000円〜64,000円

住居費 25〜30%
40,000円〜48,000円

・家賃

貯めるお金 10〜20%
16,000円〜32,000円

・積み立て貯金
・貯蓄型の保険料
・投資

固定費 20〜25%
32,000円〜40,000円

・水道光熱費
・通信費
（インターネット料金・スマホ代）
・定期代
・保険料
・サブスクの料金
・スポーツジムや習い事

> 「貯めるお金20%」が理想ですが、若い人は大変かもしれません。学生なら5,000円、社会人なら手取り月収の10%はがんばってほしいです。なぜ貯めないといけないかは、50ページをチェック！

ファイナンシャルプランナー
鈴木さや子さん

 お金がピンチのときに役立つ!?「中古売買」のこと

お金をやりくりしているつもりでも、給料日前になるとカツカツになってしまうことはよくあるもの。すぐにできる金欠対策として、フリマサイトで不用品をお金に換えているという声も。家に眠っている衣類や本、化粧品などはありませんか。思いがけず、まとまったお金が手に入る可能性があります。

若いうちにやっておきたいお金の使い方

お金を貯めることは大切ですが、自分にとって意味のあるお金の使い方を学ぶこともまた重要です。特に若いうちは、自己投資や健康、体験など目に見えないお金の使い方を知っておきましょう。

"自己投資"に使う	"健康"のために使う	"体験"に使う
自己投資による知識・スキルの向上や内面的成長が役立つのはビジネスだけではありません。人との関わりなど、今後の人生にも好影響をもたらします。	健康はお金では買えないからこそ、食材にこだわるなど今ある健康を維持するためにお金を使うことが大切。将来かかるかもしれない高額な医療費を抑えられる可能性も。	物理的なことにお金を使うよりも、体験にお金を使うほうが幸福度が高まるといわれています。何よりも若いうちの多彩な体験は、将来の財産になるでしょう。

> 若いときの経験には失敗ですら、大きな価値があります。私は若い頃に聞いた、「マイナスの経験はない」という言葉を大事に生き抜いてきました

著者
阿古真理さん

クレジットカードや電子マネーを使いこなす

クレジットカードを持つ人は多いと思いますが、カード会社が盛んに宣伝しているリボルビング払い（リボ払い）は、絶対にやってはいけません。高い金利がかかるうえ、毎月の支払額が定額になるので、何にどれだけ使ったかを把握しにくくなります。3回以上の分割払い、キャッシングも手数料がかかるのでNGです。

消費は楽しく高揚感がありますが、必要なときにお金が足りなくなったら困ります。クレジットカードにせよ電子マネーにせよ、お金を使うときに必ず、自分はなぜ今これを買うのか、本当に必要なのか問いかける習慣をつけてください。

それでも必要だと思うなら、その商品を大切にし存分に活用しよう、そのサービスを楽しもうと思えるのではないでしょうか。

✦ 日本のキャッシュレス化の現状

日本のキャッシュレス決済比率は年々伸びていますが、主要各国が40～60%であるのに比べると少ないのが現状です。

● 日本のキャッシュレス決済額及び比率の推移

出典:経済産業省

□=クレジットカード
□=デビットカード
■=電子マネー
■=QR／バーコード決済
―=決済比率

キャッシュレス化は現金を作るコストがかからないから社会全体のお金の節約にもつながるんだ

✧ キャッシュレス決済とは?

キャッシュレス決済とは、現金を使わずに支払いを済ませる方法のこと。決済方式は、支払いが発生するタイミングによって「前払い」「即時払い」「後払い」の3タイプに分けられます。

● キャッシュレス決済の種類

クレジットカード	デビットカード	電子マネー	各種プリペイドカード	QR/バーコード決済
キャッシュレス決済として最も普及している決済手段。利用額は後日、登録した銀行口座から引き落とされる。	決済と同時に代金が銀行口座から引き落とされる。銀行のキャッシュカードにデビット機能が付いたものもある。	電子マネー機能搭載のスマホやICカードを決済端末にかざすと、支払いが完了。交通系、流通系などの種類がある。	前もってチャージした金額分の支払いができるカード。決められた金額で販売されている「使い切り型」もある。	あらかじめスマホにインストールした決済アプリに表示されるQRコードやバーコードを読み取って支払う。

● キャッシュレス決済のメリット・デメリット

○ メリット

- 現金の持ち合わせがなくても支払える
- スピーディーに精算できる
- 支払い履歴が残る
- ポイントが獲得できる
- 大幅割引やポイント還元率アップの機会にお得に買い物できる
- 直接現金に触れる必要がないので衛生的

✕ デメリット

- お金は使えば減るという感覚を感じにくい
- 不正利用のリスクがある
- 端末の故障や災害時に利用できない可能性がある
- キャッシュレス決済に対応していない店舗もある

クレジットカードの場合、年会費がかかるものがあったり、3回以上分割すると手数料がかかるというデメリットも……

✧ キャッシュレス決済で使いすぎを防ぐには?

キャッシュレス決済は便利な一方で、お金を使った実感を持ちにくいことや、ポイントが貯まるといった理由で、使いすぎてしまう危険性も。いくつかルールを設けて、管理することが大切です。

電子マネーの オートチャージ機能を使わない

電子マネーの残高が一定以下になると自動的にチャージされるため、気づかないうちに使いすぎてしまう場合が。必ずオフに!

1カ月の予算を決めておく

あらかじめチャージする前払い式も、後日銀行口座から引き落とされる後払い式も、「○万円まで」と予算を決めて使います。

ポイント目当てに ムダ買いをしない

決済ごとにポイントがつくから、ポイント還元率が高いからと、ポイントを理由に余計なものまで買わないように注意します。

クレジットカードや 銀行口座と連動させない

電子マネーは給料日にあらかじめ決めた額をコンビニから現金チャージして使うなど、残高を意識して、予算オーバーを防ぎます。

クレジットカードはリボ払いだけでなく、キャッシングも絶対にやめましょう!

FPオフィスあしたば
ファイナンシャルプランナー
安藤宏和さん

鍵をにぎるのは固定費の削減

使いこなせていないサブスクやスポーツジムはないか

新生活を始めて半年や1年のタイミングで、家計の洗い出しをしてみましょう。

サブスクなどのサービスは、有効に使っていますか？ コロナ禍から以前の日常に戻り、以前ほど使わなくなった、あるいはスポーツジムの会員になったがあまり通わないなど、使いこなせていないサービスは、止めることも考えましょう。

ポイ活（ポイント活動）も貯まればお得ですが、「あと○○円分買えばポイントがつきます」などと店員に言われ、余計なものを買い込んでいませんか？ 業者が「お得です」と商品・サービスをすすめるのは、それを売れば彼らが儲かるからです。お金がかかるおすすめの言葉の裏に何があるか考え、本当に必要かどうか見極める習慣をつけましょう。

✧ 家計を見直す

1年の始まりや新年度など、時期を決めて家計を見直します。ムダな固定費はないか、貯蓄額は適正かなど、改善を重ねることで家計の健全性は高まっていきます。

● 家計を見直すタイミング

☐ 新生活を始めて半年、1年たったとき

☐ 思うようにお金が貯まらないとき

☐ 毎月の生活費が足りない、もしくはギリギリのとき

☐ 就職や結婚、出産、住宅購入など、ライフステージが変わるとき

☐ 旅行や留学、資格取得、独立など人生の目標ができたとき

● 家計支出の見直し効果の例

毎月の家賃を2万円下げる	通信費を見直して2,000円／月を削減する	コンビニでの細かい出費600円／1日を削減する
24万円／1年間	**2万4,000円**／1年間	**1万2,000円**／20日
240万円／10年間	**24万円**／10年間	**14万4,000円**／1年間
のコスト削減	のコスト削減	のコスト削減

引っ越し代や新しい家具代約10万円を差し引いても効果あり！

その額を1カ月分、1年分、10年分に換算するクセをつけると、大きな抑止効果につながる

支出を減らすには、固定費から始める

毎月決まった金額が出ていく固定費は、一度削減できれば「節約効果」が長く続きます。しかし、カットしない限り無自覚に支払われ続ける支出でもあるため、定期的に見直すことが大切です。

固定費

- 住居費
- 水道光熱費
- 通信費
  （インターネット料金・スマホ代）
- 定期代
- 保険料
- サブスクの料金
- スポーツジムや習い事　　など

見直し効果大！

手軽に見直せる！

住居費

引っ越しの検討や家賃の値下げ交渉をする

家賃が低い物件への引っ越しや家賃の値下げ交渉は、更新時に行うのがベスト。築年数が古い、駅から遠い、空室が多い場合は、交渉の根拠となります。

サブスクの料金・スポーツジムや習い事

本当に必要なものだけを残す

さほど使っていないサブスクの放置は、1つひとつは少額でも、積み重なるとあなどれません。行かなくなったジムや、複数契約している動画配信サービスなども見直しを！

＼ まだある！ ／

電気・ガス代の契約変更

料金プランの見直しや電気とガスのセット契約で割引に。電気は契約アンペア数の見直しも有効です。

スマホ・通信費のプラン変更

3大キャリアから格安SIMへの乗り換えで通信費の大幅な削減に。不要なオプションプランや料金コースの見直しも必須。

保険料や保障内容の見直し

加入中の保険の内容によっては、同じ保障でも保険料を減らせる場合も。ひとり暮らしの保険選びは54ページをチェック！

出費の中からムダ遣いを見つける方法

支出は「浪費」「消費」「投資」の3つに分類することができます。お金を支払う前に、その出費は3つのうちのどれに当たるか考えると、自分にとって必要な支出とそうでない支出とが明確になります。

支出

日々の出費はどれに当てはまる？

浪費	消費	投資
なんとなく買ってしまった、買ったのに使わなかったなど、生活に必要ない支出のこと。お金を支払っただけの価値は得られません。	食費や水道光熱費、家賃、日用品代など、生活するために必要な支出のこと。ほとんどの費目は、消費に該当します。	預貯金、株式や投資信託の購入、自己投資など、将来につながる支出のこと。投じたお金以上の価値を得られる可能性があるもの。

定期的に自分の出費を振り返り、見直すことが第一歩なんだね

5 無理せずできる節約の方法

自分に合った無理のない節約方法を探そう

金銭感覚や必要な出費は、人によって異なります。性格や経済力、置かれている環境によってもちがうので、万人に通用する節約術はありません。ただ、大富豪でもなければ、使えるお金には限りがありますし、思いがけない出費のイベントやトラブルが発生することもあります。

自分にとって節約しやすい方法は何か、試行錯誤しながら探しましょう。浪費はよくありませんが、無理して節約すると毎日がつらくなってしまいます。

使っていいお金と使わなくていいお金を決め、軌道修正をしつつ、何となくの消費を防ぐことで節約はできます。家計管理は、自分の価値観を見定める方法でもあります。続けるうちに、自分にとって何が大切かも見えてくるでしょう。

✧ どうして節約するのか

節約には、さまざまな理由があります。どのような理由でも、「生きたお金の使い方」をするための手段だと思うと、無理なく続けられるかもしれません。

● 節約の理由の例

物価高のため

エネルギーや原材料などの価格高騰により、値上げラッシュに。少しでも家計の負担を減らすために節約している。

結婚・住宅購入費用を貯めるため

1年後に結婚を予定。結婚と同時にマンションを購入したいので、結婚費用と頭金を貯めるために、意識的に支出を減らしている。

収入が減ったため

社会保険料が引き上げられ、手取り収入が減った。減収額は数千円程度でも、毎月の貯蓄額はキープしたいので節約を始めた。

趣味に費やすお金を増やす・目的のものを購入するため

推し活にお金がかかる。交通費やグッズ代にお金を使いたいので、ムダ遣いをやめた。

万が一に備えて貯金したいため

ケガや病気で一時的に働けなくなったり、転職を余儀なくされて収入が減ったりする場合に備え、貯金するために節約を続けている。

FIRE（早期リタイア）のため

50歳でFIREするために、ギリギリまで家計を切りつめている。質素な暮らしをすることで、1円でも多く貯蓄したい。

明確な目標や目的があるとがんばれそう

節約していい出費と削ってはいけない出費

節約とは、「ムダ」を省いて切りつめることを意味します。手元により多くのお金を残したいからと、決してムダではない、自分にとって必要なものまで削ってしまっては意味がありません。

● 節約してはいけない3つの出費

1 交際費

人付き合いは視野を広げ、前向きな行動を生みます。また、人とのつながりを大事にできると、幸福度が上がります。人間関係をおろそかにすることは、有効ではありません。

2 健康維持費

食事を抜く、栄養の偏ったものを食べるなど、健康に悪影響を与える節約はすべきではありません。そのしわ寄せは医療費として表れます。健康は、すべての基本です。

3 自己投資費

知識やスキルを高めるためのお金を惜しむのはNG! 自己成長を助ける学びや経験は、生きていくための力になります。ただし、不安を煽るような高額商材には注意しましょう。

> 自分が何をしたいのか目標を立てて、お金を貯めましょう。しかし、自分への投資も大切なので、必要なときはお金を使うことも怖がらないで

ファイナンシャルプランナー
鈴木さや子さん

● 節約の失敗例

> 食費を削りすぎて風邪をひきやすくなり、薬や病院代がかさんだ。
> （20代 女性）

> 趣味や娯楽費を減らしたら生活にハリがなくなった。
> （30代 男性）

> 交際費を削るために誘いを断り続けていたら、ひとりぼっちに。
> （20代 男性）

生活満足度の担保が節約を継続するカギ

真の節約上手とは、ムダ遣いをしないだけでなく、暮らしの満足度が高い人のこと。価値を感じることには惜しみなくお金を使えば、人生を楽しみながら無理なく節約生活を続けることができます。

本当に欲しいもの　**ここはケチらない!**

新しい体験　人付き合い　知識やスキルへの投資

「使っていいお金」と「使わなくていいお金」を見極めることが大事。それは、自分は何を大事にして、どんな人生を送りたいのかを明確にしていくことでもあります。自分の価値観を、今一度、じっくり考えてみましょう。

基本的な節約術の例

日々の生活で見過ごしている小さな悪習慣の積み重ねが、ムダな出費を招きます。習慣を正すことは、長い目で見たら大きな節約効果に。まずは自分ができそうなことをやってみましょう。

出しっぱなしをやめて
シャワー時間を短縮する
シャワー時間を毎日1分短縮すると、年間2,000〜3,000円の水道代・ガス代の節約になるといわれています。貴重な水資源を守るためにも、心がけたいことです。

マイボトル持参にして
ペットボトル飲料を買わない
月に20日間、1日1本のペットボトル飲料160円を1年間買い続けると、3万8,400円に。マイボトルにするだけで大幅な節約になるうえに、プラゴミも減らせます。

なるべく
自炊する
外食を控えて自炊することは、食費の大幅な削減に。忙しいときややる気のないときは、ご飯だけ炊いて、買ってきたお総菜と食べるだけでも節約になります。

トイレの水洗レバーは
大小を使い分ける
「大」洗浄は4.5〜6リットルの水を使用するのに対し、「小」洗浄は3〜4リットル。水量を使い分ければ、1回につき1.5〜2リットルの節水効果が。

不用意に
コンビニに近寄らない
仕事帰りにふらりと立ち寄っては、何となく買ってしまうことも多いコンビニ。商品単価が高く、誘惑が多いので、不用意に近寄らないのがベスト。

生活習慣が決まっている人は
まとめ買いにする
余計な出費を防ぐには、買い物の回数を減らすのが一番です。あらかじめ1週間分の献立と予算を決めて買い物するのもよいでしょう。

出かけるときは
1駅分歩く
1駅手前で降りると運賃が安くなるときは歩く、1駅だけしか乗らないときも歩くなど、ルールを決めて。また、一番安いルート・方法を選ぶことも、継続することで大きな節約効果に。

移動に
自転車を使う
都会なら、坂が多すぎなければ、自転車のほうが電車やバスよりスムーズに移動できる場所は多いです。最初に自転車を買ってしまえば経済的。運動になる点も大きなメリットです。

使っていない
電気はこまめに消す
トイレや玄関の照明など、使わないときはスイッチをオフに。明るさ調整機能付きの照明の場合、明るさを暗めに設定するだけでも節電になります。

お金を一切使わない
ノーマネーデーを設ける
お金を1円も使わずに過ごすノーマネーデー。現金だけでなく、クレジットカードや電子マネーも使いません。定期的に設ければ、浪費グセが直り、お金が貯まるかもしれません。

洗濯物は
まとめて洗う
1日あたりの洗濯物が少ないひとり暮らしの場合、毎日洗濯機を回すよりも、数日分をまとめ洗いしたほうが水道光熱費の節約になります。

食材は
食べ切れる分だけ買う
食べ切れずに廃棄してしまう食品ロスは、お金のロスでもあります。日持ちする食材を選ぶ、カット野菜を利用する、冷凍保存するなどの工夫を!

● 意外な節約術

> 部屋を片付けたら重複買いがなくなった。何か買うときも本当に必要かどうか考えるようになり、衝動買いも減った。
> （20代 女性）

> ちょっといいレトルト食品を常備している。一般的なものより値段は高めでも、外食するより安く、節約につながっている。
> （40代 男性）

> 保険は最低限にして、食事にお金をかけている。食品添加物を使わない調味料や食品、オーガニック野菜で健康を維持。
> （30代 女性）

節約につながるお金の習慣

お金を使う際の心がけもまた、貯まるお金に大きな差がつくポイントです。節約上手な人が習慣にしている、お金にまつわるあれこれをまとめました。

クレジットカード&電子マネーの使用額を決めている

キャッシュレス決済は、便利な反面、使いすぎの心配があります。「1カ月○万円まで」と使用額を決めて、残高を確認しながら使います。

お得（○割引）だからと買わない

セールのときは「お得だから買わないと損!」と思いがちですが、これがムダ買いを招く場合も。究極の節約は、買わないことなのです。

ATMを利用しない

大手銀行のキャッシュカードでコンビニATMからお金を引き出すと、平日でも数百円の手数料が発生。手数料がかかるATMは使わないと決めて!

買い物する前にフリマサイトをチェックする

新品・未使用であっても、相場より安く手に入れることができるフリマサイト。本や服のほか、未開封コスメを定価の半額以下で買えることも。

公共料金はクレジットカードで支払う

公共料金をクレジット払いにすることでポイントがつきます。また、カード会社によっては公共料金の支払いは還元率が高く、お得です。

クーポンを利用する

飲食店や美容室、ネイルサロンを利用する際には、クーポンを使います。クーポンサイトやフリーペーパーは必ずチェック!

こんな方法も

ネットでの買い物はポイントサイトを経由する

ネット通販で買い物をするときにポイントサイトを経由するだけでポイントサイトのポイントがもらえます。貯まったポイントは、マイルやギフト券、現金などに交換が可能。旅行の予約も、ポイントサイトの経由を。高額なサービスは、還元されるポイントも大きくなります。

自分だけの節約ルールをつくる

節約の基本は、無理なく続けられること。そこで、必ず継続できる自分だけの節約ルールをつくりましょう。日常生活でできることとお金を使うときに心がけることの、2つのルールを考えてみてください。

● 日常生活での節約ルール

考えてみよう

例：コーヒーは自分でハンドドリップして、カフェには行かない。

● ものを買うときの節約ルール

考えてみよう

例：高価でも品質がよく飽きのこないデザインのものを選び、買い換え欲を抑えて長く使う。

お金を貯める目的を考える

社会人は生活費6カ月分の緊急予備資金を目標に

若い頃は収入が少ない人が多いですが、それでも貯めておくべきお金はあります。

思わぬ病気やケガで医療費がかかる可能性は若くてもありますし、急に職を失うリスクもあります。一般的には、こうした緊急予備資金は生活費3カ月分必要とされています。社会人ならできれば6カ月分、100万円程度あると安心です。

人生の目標が決まっている人や、結婚や家の購入が視野に入っている人もいるかもしれません。旅行や留学、資格取得、起業など、20代のうちは、5年か10年、長くて20年先の目標に向けて貯金します。

できるだけ目的を明確にし、逆算してどのようにお金を貯めるか決めるとよいでしょう。

どうしてお金を貯めるの?

多くの人は、老後や病気・災害への備えを貯金の理由としています。ほかにも、安心のため、旅行やレジャーの資金にするためなど、お金を貯める理由はさまざまです。

● 金融資産を保有する目的

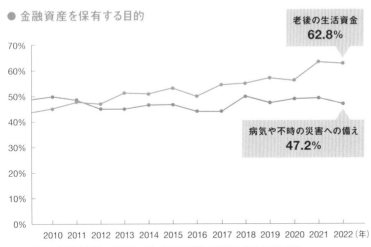

老後の生活資金
62.8%

病気や不時の災害への備え
47.2%

出典:金融広報中央委員会「家計の金融行動に関する世論調査【単身世帯調査】」(令和4年調査結果)

将来の不測の事態に備えてお金を貯める人が多いんだね

緊急予備資金とは

緊急予備資金とは、事故や病気、災害時など、もしものときのために備えておくお金のこと。不測の事態でも、緊急予備資金を切り崩せば生活を維持できます。まずは生活費3カ月分を確保しましょう。

● ひとり暮らしの緊急予備資金の目安

生活費15万円、3カ月分の場合	**45万円**
生活費15万円、6カ月分の場合	**90万円**
生活費15万円、1年分の場合	**180万円**

学生は3カ月分、会社員は6カ月分、個人事業主は1年分が目安だよ

学生で親にすぐ援助してもらえる体制があれば、もう少し少なくてもよさそう

緊急予備資金は「毎月の生活費の○カ月分」を目安に決めます。ここでは、単身世帯の1カ月の消費支出の平均約15万円（総務省統計局「家計調査報告」）を1カ月の生活費として計算しました。

 現金以外の緊急予備資金は普通預金口座に準備する

緊急予備資金は、いざというときにすぐ使えるための現金と、預金とに分けて準備します。使い込み防止のためにも、緊急予備資金用の普通預金口座を作って管理しましょう。価格変動リスクがあるだけでなく、現金化に時間のかかる株式や債券などの有価証券は緊急予備資金には不向きです。

人生の目的のために貯める

人生にはさまざまなライフイベントがあり、その都度まとまったお金が必要になります。自分にとって理想の生き方を実現するために、貯金しましょう。目的ある貯金は活動意欲を高め、人生を豊かにします。

● 30年先までの目標と預金額の例

5年後	10年後	15年後	30年後

- 海外旅行
  旅費
  50万円
- 資格取得
  講座受講料
  20万円

- 結婚
  資金
  100万円
- 起業
  費用
  100万円

- 住宅購入
  頭金
  300万円

- 海外旅行
  旅費
  150万円

- 老後
  資金
  2,000万円

緊急予備資金以外のお金は、自分が何に使いたいのかという目的を持って貯めていきましょう

FPオフィスあしたば
ファイナンシャルプランナー
安藤宏和さん

積み立て貯金やNISAで先取り貯蓄をしよう

給料が振り込まれ貯金する口座と、クレジットカードや電子マネーの引き落としをするなど生活費で使う口座を分けることも、自分のお金の流れを把握し、使いすぎず貯金ができる、おすすめの方法です。

超低金利時代の今、銀行の普通預金は0.001パーセント、定期預金は0.002パーセントなどで、ほとんど増えません。しかし、メインバンクの積立貯金などの方法で毎月引き落とす先取り貯蓄なら、使いすぎもある程度減らせます。より金利が高いのは、少額から始められる非課税のNISA枠を使った積立投信。安いときにたくさん買って高いときに少なく買う仕組みで、長く続けるほど購入価格を平準化できます。ただし、投資なので元本割れのリスクはあります。

◈ 貯金と貯蓄の関係性

「貯金」とは、すぐに使える形でお金を貯めておくことを言います。「貯蓄」とは、お金を増やす手段の総称です。つまり、貯金も貯蓄の一部なのです。

貯蓄とは
銀行などの預貯金
株式や投資信託などの有価証券
積立型生命保険
満期返戻金が支払われる積立型損害保険

貯金とは

現金や銀行の
普通預金など

● 【年代別】ひとり暮らしの平均貯蓄額

年代	中央値	平均値
20代	**20万円**	176万円
30代	**75万円**	494万円
40代	**52.5万円**	657万円
50代	**52.5万円**	1,048万円
60代	**300万円**	1,388万円
70代	**485万円**	1,433万円

平均値は気にしなくてOK!
参考にするなら大きさ順に
並べたときに真ん中にくる
「中央値」を見ましょう

FPオフィスあしたば
ファイナンシャルプランナー
安藤宏和さん

出典:金融広報中央委員会「家計の金融行動に関する世論調査[単身世帯調査](令和4年調査結果)」

先取り貯蓄で確実にお金を貯める

先取り貯蓄とは、毎月一定額を手取り収入から取り分けて貯蓄することです。残ったお金で生活するため、貯蓄分を使い込む心配がなく、確実にお金が貯まります。先取り貯蓄には、いくつかの方法があります。

先取り貯蓄

給与・バイト代 － 貯金・投資 ＝ 生活費

先取り貯蓄のおもな方法	自動積立定期預金	あらかじめ決めた金額を、毎月自動で定期預金に積み立てます。最もオーソドックスな先取り貯蓄と言えます。
	財形貯蓄	勤務する会社の財形制度を通じて、給与や賞与からの天引で自動的に積み立てていきます。
	NISA（ニーサ）	運用益が非課税になるNISA口座で積立投資する方法です。すぐに使わないお金を貯めるのに向いています。
	iDeCo（イデコ）	毎月決まった額を積み立てて、その資金を自分で運用しながら老後の備えをします。受け取りは60歳以降です。

> 早めに先取り貯蓄の仕組みを作っておきましょう

ファイナンシャルプランナー
鈴木さや子さん

初めての投資ならNISA

NISAは資金がなくても、少額から資産運用を始めることができます。特に「つみたて投資枠」では、国が定めた基準を満たした長期投資に向いている投資信託に限定されており、初めての人にも選びやすく設計されています。

● 新NISA（2024年〜）の特徴

	つみたて投資枠	成長投資枠
対象年齢	18歳以上	
投資可能期間	恒久的	
非課税期間	無期限	
年間投資枠	120万円	240万円
生涯投資上限	1,800万円（うち成長投資枠1,200万円）	
投資対象商品	長期の積立・分散投資に適した一定の投資信託 ※2023年までのつみたてNISA対象商品と同様	上場株式・投資信託など（一部除外商品もある）

**通常の投資で
利益にかかる税率**

20.315% ➡ **0**%
【一般口座・特定口座】　【NISA】

> NISAは長期投資を前提とした制度。できるだけ続けられるよう無理のない範囲でチャレンジしよう

> **!**
> NISAは月額1,000円など少額投資も可能。
> 収入が低いからとあきらめないで！

収入に見合った損害・医療保険に加入する

必要に応じた民間保険に加入しよう

20歳からは国民年金に加入できます。加入期間が長いほど、将来もらえる年金も多くなります。所得から控除する仕組みがあるので、学生の場合、もし親の収入が多ければ、親に払ってもらったほうが親の控除額が大きくなりお得です。

火災保険などの損害保険は、何かあったときは高額の出費になるので、必ず入っておきましょう。生命保険は、自分が死んだときに困る扶養家族がいるなら入ります。入院などすれば、健康保険ではカバーしきれないさまざまなお金がかかるので、医療保険は、できれば入ったほうがよいです。貯蓄型保険は、保障に対してかかるコストが高いので避けましょう。保険と貯蓄は分けて考えることが大切です。

✨ 生活の保障が目的の「公的保険」

公的保険は国が運営する保険で、原則として強制加入です。医療費の自己負担額軽減のように、国民の生活を保障することが目的です。

● 公的保険の種類

❶ 健康保険
病気やケガによる医療費の本人負担を軽減する。現役世代は「健康保険(社会保険)」「共済組合」「国民健康保険」のいずれかに加入する。★就職して勤務先の健康保険に加入したら、国民健康保険からの切り替え手続きを行う。

❷ 年金
高齢になったときに受け取る「老齢年金」のほか、「障害年金」「遺族年金」がある。年金には、20歳以上60歳未満のすべての人に加入義務がある「国民年金」と、会社員・公務員などが加入となる「厚生年金」の2種類がある。★20歳になると国民年金の加入者となり、通知が届く。

❸ 介護保険
介護費用負担の軽減を担う。40歳以上の全国民が対象。★40歳になると加入している健康保険から保険料が徴収される。

❹ 労災保険
仕事中や通勤途中に起きた出来事に起因するケガ・病気・障害・死亡に対して保険給付を行う制度。★加入手続きは事業主が行い、保険料は事業主が全額負担。

❺ 雇用保険
働く人の生活と雇用の安定、再就職の援助を行うことなどが目的。個人事業主は、加入が認められていない。★加入手続きは事業主が行い、保険料は事業主と労働者の双方が負担。

会社員
健康保険(健康保険組合)
年金(厚生年金)
年金(国民年金)
労災保険
雇用保険

働き方や状況によって加入する公的保険は変わる

個人事業主
国民健康保険など
年金(国民年金)

リスクに備える「民間保険」

民間保険は保険会社が運営する保険で、加入は任意です。公的保険ではカバーできない分を民間保険で補う役割を担っています。保険料は保障内容によって少額なものから高額なものまでさまざまです。

● 民間保険の分類

生命保険と損害保険の中間に位置する保険	損害保険	生命保険
所定の手術を受けたときや病気やケガで入院したときに給付金が受け取れる	ケガで通院したり、入院・手術をしたりしたときに給付金が受け取れる	病気やケガで自分や家族に万が一のことがあったとき、給付金が受け取れる
▪ 医療保険 ▪ がん保険 ▪ 介護保険 ▪ 傷害保険 ▪ 所得補償保険 ▪ 就業不能保険　など	▪ 損害保険 　（日常生活のリスクに備える） ▪ 火災保険 ▪ 地震保険 ▪ 自動車保険 ▪ 旅行保険 ▪ 賠償責任保険　など	▪ 終身保険 ▪ 定期保険 ▪ 養老保険 ▪ 収入保障保険 ▪ 個人年金保険 ▪ 学資保険　など

ひとり暮らしで加入するなら

損害保険	と	医療保険
火災保険は賃貸契約時に加入するのが基本		貯蓄が少なく、もしものときに医療費が支払えない可能性のある人は必須

個人事業主は病気やケガをして収入が得られない場合に備えて、就業不能保険を検討しよう

経済的に余裕がない人におすすめの「共済」

共済とは、互いに助け合うことを意味します。組合員が掛け金を出し合い、組合員の誰かが困ったときに、ほかの組合員全体で助ける仕組みです。出資金を払って組合員になると、加入できます。

● 4大共済

- 都道府県民共済
- こくみん共済COOP（全労済）
- JA共済
- CO·OP（コープ）共済

全国規模で展開し、生命保険に近い保障事業を行っているのが、4大共済です。

【共済のメリット】

1. 掛け金が割安

月々1,000円～2,000円ほどの掛け金で加入できる商品が多いことが最大の魅力です。また、決算で剰余金があれば、払い込んだ掛け金の一部が割戻金として返金されます。

2. シンプルでわかりやすい商品が多い

プランがパッケージ化されているため、保障内容がシンプルでわかりやすいのが特長です。一般的に決められたプランの中から選択するため、選びやすいのも利点です。

死亡保障のような大きな保障はなくてもいいから、安い掛け金で病気やケガの保障がほしい人に適しているね

⑨ お金のトラブルへの対処法

お金のトラブル回避には甘い言葉に惑わされないこと

投資で「絶対増えます」など「絶対」「必ず」といったキーワードは、本当は保証できないので売る側が言ってはいけない言葉です。勧誘されて怪しいと思ったら、契約前にいったん保留にし、業者の名前を検索する、消費者ホットラインに問い合わせるなどして調べましょう。

町やインターネットでのアンケートも、高額な商品を売る、個人情報の取得が目的の場合が多いです。水道局の点検などを装った詐欺もあるので、知らない人は家に入れないようにしましょう。

友人や恋人から「お金を貸して」と言われた場合は、高額は断り、少額はあげたと思える相手なら貸すこともありです。ただし、お金が絡むと人間関係は壊れやすいので、よく考えて対応しましょう。

✦ 「ラクして稼げる・得する」が危ない

消費者センターによると、若年層ではオンラインカジノや副業サイト、投資や暗号資産など儲け話に関するトラブルが多発しています。うまい話には注意が必要です。

● 若者のお金のトラブルの特徴

代表的な契約トラブル	副業サイト、出会い系サイト、アダルト情報サイト、オンラインゲーム、占いサイト/FXや仮想通貨などの投資関連/ネットワークビジネス/エステや美容医療 これらの高額請求や高額な中途解約手数料、説明と契約内容やレッスン内容の食いちがいなど。
契約のきっかけ	SNS広告やSNS上の知人からの紹介、インフルエンサーのおすすめ投稿など入口はインターネットが大半。リアルな友人からの紹介も。
契約時の心情	「簡単に儲かるならやってみようかな」「初回はすごく安くてお得だな。やらないともったいないかも」「高額だけど、今決めなかったらチャンスを逃してしまいそう」

● トラブルの事例

脱毛エステで「30年間通い放題」のコースを契約したところ、店舗が閉店し、施術を受けられなくなった。（20代 女性）

ネットで痩身サプリを購入。初回は安かったのに、2回目以降は高額に。定期購入の縛りがあり、しばらく解約できなかった。（40代 女性）

ネットビジネスのノウハウに関する無料相談会に参加。その場で120万円の情報商材の購入を強く勧められ、契約。翌日解約したいと伝えたが、取り合ってもらえなかった。（20代 男性）

契約前に必ず確認したいこと

悪質商法の被害に遭わないためには、即決しないこと、相手の話を信じ込まないことが大切です。契約時に「確認書」や「同意書」などの書面を出されても、その場でサインせず、持ち帰りましょう。

☐ 値段や品質、解約・返品の条件を
しっかり確認したか

☐ お試しか定期購入か、初回無料の場合は
複数回分の購入が条件になっていないか

☐ 「絶対に儲かる」「不労所得」「誰でも簡単に稼げる」
「就職に役立つ」という言葉に踊らされていないか

☐ 即決せずにじっくり考えて、
納得したうえでの契約であるか

トラブル防止の3カ条

うまい話に飛びつかない！

借金をしてまで契約しない！

きっぱり断る勇気を持とう！

出典：独立行政法人国民生活センター

SNSやインターネット広告
などへの冷静な視点を
持つことが大切だよ

トラブルを解決する制度

お金のトラブルに対処するためには、消費者保護の仕組みを理解しておくことも大切です。困ったときは、ひとりで悩まずに消費者ホットライン「188」へ。在住地域の消費生活相談窓口を案内してくれます。

クーリング・オフ

契約の申込や契約の締結をしてしまった後であっても、一定期間であれば、無条件で契約の申込の撤回や契約解除ができる制度です。自分の意思で店舗に出向いての契約や通信販売など、クーリング・オフができない場合もあるので注意が必要です。

消費者契約法

事業者がウソや不安を煽ることを言ったり、帰してくれなかったりと、不当な勧誘によって契約させられた場合に契約を取り消すことができます。また、高額すぎるキャンセル料など消費者の利益を不当に害する契約条項も無効になります。

● 消費生活相談窓口

相談窓口	相談できること	電話番号
消費者ホットライン	・商品の購入やサービスの提供など契約に関するトラブルの相談、苦情、問い合わせ ※全国の消費生活相談窓口を案内してくれる	**188**（局番なし）

わたしの家事スケジュール

平日

8:00	起床
8:05	シャワー
8:30	朝食の準備
8:45	朝食
9:00	身支度　メイク、着替え
9:30	ゴミ捨て（3日に1回程度）、出勤
21:00	帰宅
21:15	夕食
22:00	夕食の片付け
22:15	シャワー
24:00	就寝

小さいゴミ袋を使って、ゴミをためないようにしています

休日に2時間ほどかけて家事をしているんだね

休日

12:00	起床
12:10	朝食兼昼食準備
12:30	朝食兼昼食
13:00	食事の片付け
13:10	シャワー
13:45	洗濯物を干す
14:00	部屋の片付け
14:30	掃除機かけ、洗面所・トイレ・お風呂・玄関の掃除、ゴミ捨て
15:30	身支度
16:30	お出かけ
22:00	スーパーに寄り道
22:30	帰宅
25:00	就寝

この間に洗濯機を回します

15分ずつ区切って効率的に。音楽を聴きながら家事をしています

家事の工夫

もともとズボラな生活のため、週1回、必ず掃除をして汚れをためないようにしています。お金の管理は家計簿アプリをつけて週1回確認しています。平日は自炊しません。休日は、なるべく日持ちするものを作るようにしています。

Column 3
わたしのひとり暮らし

自分ひとりのために
料理する難しさを感じる

優希さん
（26歳・会社員・東京都在住）
ひとり暮らし歴4年

ひとり暮らし4年目でだいぶ慣れましたが、たまにさびしくなることがあります。料理にハマり、つくりおきをしていたこともありましたが、同じものを食べ続けることに耐えられず、自分だけのために料理する気にもなれず……。誰かのために料理をしたいです。

好きな家事トップ3

1位　片付け
好みや動線に合うように収納することが好きだから。

2位　料理
自炊していると、よい生活を送れている気分になるから。

3位　買い物
これから使う食材を選ぶのはワクワクするから。

苦手な家事トップ3

1位　布団の洗濯
干すスペースがなく、乾きにくいから。

2位　掃除機のゴミ取り
ゴミ取りで汚れた掃除機を拭く作業が嫌い。

3位　コンロの油汚れの掃除
ガンコで落ちにくく、手も汚れるから。

掃除の基本

時間がなくても、面倒でも、
きれいな部屋をキープすることはできます。
予防掃除やちょこちょこ掃除を取り入れて、
掃除をラクな習慣に!

監修／丸マイ（クリンネスト）、松本忠男（健康を守るお掃除士）

命を守るために なくてはならない掃除

衣類から落ちるホコリ、新陳代謝で体から出るあか、呼吸をすれば吐き出す二酸化炭素。トイレを使えば排せつ物、キッチンを使えば水あかや油汚れがつきます。必ず汚れるのは、人が生きて暮らしているからで、その汚れを取り除くのが掃除です。大げさに思えるかもしれませんが、掃除は命を守るための行為です。

ホコリがたまった部屋で暮らせば、アレルギーの人は症状が悪くなります。たこ足配線にホコリがたまると、トラッキング現象で発火し、火事が起こる危険もあります。つい億劫になる掃除をラクにし、快適に暮らすには、ポイントを押さえてこまめに汚れを取る習慣をつけることが大切。掃除のプロに聞いたコツを、この章では学んでいきましょう。

✧ 家の中にある汚れの種類

家の中にはさまざまな汚れがありますが、最も多い汚れがホコリです。空気中にも見えないホコリのほか、ウイルスやカビ胞子、花粉などが浮遊しています。

浴室・洗面所
水あか、石けんカス、髪の毛、皮脂汚れ

トイレ
水あか、鉄サビ、尿石汚れ

ベッド
ダニのフン・死がい、皮脂汚れ

床
綿ボコリ、皮脂汚れ

玄関
泥・砂汚れ、チリ、花粉、排気ガス

キッチン
水あか、油汚れ、食べ物カス

居室
食べ物カス、綿ボコリ

窓
泥・砂汚れ、花粉、排気ガス

ホコリは家じゅうのありとあらゆる場所に存在する

どんなに掃除が行き届いた家でも、ホコリはたまります。人が動くたびに舞い上がり、ゆっくりと下に落ちます。

✦ ホコリや軽い汚れを放置しておくと起こること

ホコリをそのままにしておくと、空気中の水分や油分と混じり合って、軽い汚れがひどい汚れになります。ひどく汚れたホコリを長く放っておくと、材質の表面に染み込んで落とせなくなる場合も。

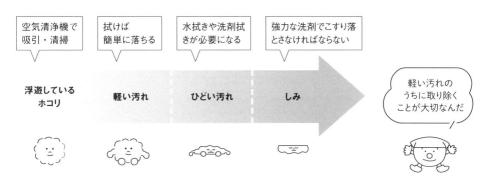

| 空気清浄機で吸引・清掃 | 拭けば簡単に落ちる | 水拭きや洗剤拭きが必要になる | 強力な洗剤でこすり落とさなければならない |

浮遊しているホコリ　　軽い汚れ　　ひどい汚れ　　しみ

> 軽い汚れのうちに取り除くことが大切なんだ

● 健康被害や火災、ものが壊れる原因にも

アレルギー症状の誘発や悪化	ホコリの中でも1mm以下の特に細かく目に見えにくいハウスダストを吸い込むと、くしゃみ、鼻水、鼻づまり症状のほか、ひどい場合には気管支ぜんそくを発症します。
トラッキング現象により、火災に	コンセントとプラグの間に付着したホコリをそのままにしておくと、空気中の湿気を帯びて放電を繰り返し、発火するトラッキング火災が起こる可能性があります。
設備の劣化や故障	時間のたったホコリ汚れを取り除かないと、材質の表面の変色や、材質そのものの劣化を招きます。また、家電以外に換気扇も、ホコリが原因で故障することも。

> 汚れを放置すると、心にも悪影響を及ぼしそう

✦ 今日からできる！ホコリをためにくくする工夫

ホコリはどんな家でも、それこそ人のいない家でもたまります。しかし、少しの工夫でホコリを発生しにくく、ためにくくすることは可能です。

ホコリをまき散らさない掃除機を使う

掃除機から出る排気の風でホコリを舞い上げたり、吸い込んだホコリが排気口から出てしまう場合も。排気循環式や微細な粒子を逃さない紙パックが使われた掃除機を選んで。

高い場所から掃除する

掃除は照明、カーテンレールなど、必ず高い場所から始めます。その後、家具の上のホコリを取り、最後に床掃除を。この順序で行えば、室内のホコリを取り逃がしません。

布製のものは置かない

ホコリの主成分は、布製品から出る繊維のくず。このため、ソファを革製にする、クッションやぬいぐるみは置かない、ラグやカーペットを敷かないなどはホコリ対策に有効です。

帰宅時に服のホコリをはらう

ホコリは外からも持ち込まれます。その大半は、服についた砂やチリ、花粉などです。帰宅したら家の中に入る前に全身を軽くはたき、ホコリを落とします。

② 家の「3大汚れ」の攻略法

ホコリ・水あか・油汚れを取り除くのがカギ

人が暮らす部屋の3大汚れは、ホコリ、水あか、油汚れ。掃除は、この3つをいかに取り除くかがポイントです。

毎日使うなら、特にキッチンが汚れます。使った後は天板やシンク、コンロ回りに飛び散った油、水、食材の切れ端などをふきんで拭いてきれいにする習慣をつけましょう。汚れをためると掃除は大変ですが、使った直後は簡単に取れます。

水回りも水あかがたまります。見落としがちなのが、浴室換気扇と浴室ドアの通気口。ここにホコリがたまっていると、換気扇の吸引力が期待できません。

居室については、隅や家具と家具の間にホコリがたまるので、部屋のコーナー、家電や棚などものの周りを重点的に掃除しましょう。

✨ 住まいの汚れは大きく分けて3つ

家の汚れには、ホコリ以外にも水あかや油汚れがあります。それぞれの汚れの性質や取り除き方を知っておくと、掃除がグッとラクになります。

汚れの種類	ホコリ	水あか	油汚れ
性質	・不溶性の汚れ ・住まいのホコリの7割は繊維ボコリ ・舞ったホコリは9時間ほどで床に落ちる	・アルカリ性、水溶性の汚れ ・カルシウム、ケイ素、マグネシウムなどのミネラルが固まってできたもの	・酸性、油溶性の汚れ ・飛び散った油が酸化して樹脂化したもの
汚れの取り除き方のポイント	乾いた汚れなので、洗剤を使わずに乾いた状態のまま取り除く	アルカリ性の汚れなので、酸性の洗剤を使って取り除く	酸性の汚れなので、アルカリ性の洗剤を使って取り除く

ホコリ、水あか、油汚れは性質がそれぞれちがうんだね

3大汚れがたまりやすい場所の掃除

3大汚れは、それぞれたまりやすい場所があります。どの場所の汚れも、放置しないことが基本です。範囲を決めて、使用後や毎日少しずつ掃除すれば、きれいな空間をキープできます。

 キッチン 浴室・洗面所 居室

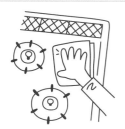

キッチンはホコリ、水あか、油汚れと、汚れの種類が多いため、汚れをためると掃除が大変に。調理の後はコンロ周りを拭くなど掃除もセットで行い、その日のうちに汚れを取り除きます。

くわしくはP.74をチェック!

水道水に含まれるミネラル成分が残ったものが水あかの正体です。このため、水回りは、水気を残さないことが大事。入浴後は浴室内の水気のほか、浴室ドアの通気口の水気もオフします。

くわしくはP.75、P.77をチェック!

居室の汚れの大部分を占めるのがホコリ。特にホコリが集まりやすい家電を、お湯をわかす間にハンディモップでなでるなど、朝のルーティンに組み込めばホコリがたまりにくくなります。

くわしくはP.76をチェック!

毎日は大変だから、汚れがたまりやすい場所を重点的にやるだけでもOK!

クリンネスト
丸マイさん

3大汚れを寄せつけない習慣

毎日掃除をするのはなかなか難しいもの。できるだけ掃除の負担を減らすためにも、汚れない工夫をすることが大事です。日常の暮らしの中で、実践したいことをまとめました。

1　汚れが直接つかないようにする

油汚れがつかないように換気扇にフィルターをつける、コンロカバーをつける、冷蔵庫内に汚れ防止シートを敷く、浮かせる収納にするなど、汚れが直接つかない工夫をします。

2　キッチンにものを置かない

油や水ハネが多く、ホコリが付着して汚れやすいキッチンで、汚したくない調味料はしまっておくのも手です。ただし料理するときに取り出す手間がかかります。

3　ものを減らす

ものが多い分だけ汚れはたまりやすく、掃除の手間もかかります。なくても困らないものは手放しましょう。ものが減るだけで、汚れも掃除の頻度も格段に減ります。

家のにおいの原因と対策

原因物資を取り除き マメに換気することが大事！

部屋のにおい対策の基本は、原因物質を取り除くことと換気です。トイレは床や壁に尿が飛び散り、便座の裏に排せつ物がこびりついているとにおいます。雑菌が多い場所なので、使い捨てのクリーナーで拭き取ることがおすすめ。

キッチンや浴室の排水口も汚れがたまりやすいので、浴室はできれば週に1度、髪の毛などを取りましょう。キッチンは、毎日排水口にかけたフィルターを取り替える、ゴミ受けの生ゴミを捨てるなどして、食器と同じように洗います。スポンジやふきんに油汚れがたまるとにおうので、気づいたら汚れを洗い落としましょう。居室では、30分に1度などマメに窓を開け、換気するのがベスト。換気扇を回しっぱなしにしてもいいですね。

においのもと＝原因物質とは？

日々暮らしていると、さまざまなにおいが混じり合って染みついた「生活臭」が発生します。
生活臭を構成する生ゴミ臭などには、必ず原因となる物質があります。

生ゴミ臭

雑菌が生ゴミを分解するときに発生する物質が原因です。水分を含んだ生ゴミが温まると、においは強くなります。

カビ臭

カビが繁殖するときに生成される老廃物が原因。カビが発生しやすい高温多湿で換気不良の場所がにおいの発生源です。

トイレ臭

床や壁に飛び散った尿から発生するアンモニアや尿に含まれたカルシウム成分が固形化した尿石がおもな原因物質です。

ヤニ臭

タバコの煙に含まれるタール、アンモニア、アセトアルデヒドなどの有害物質が原因。布製品に付着しやすいです。

ホコリ臭

ホコリに含まれる菌がにおいの正体。ホコリが水分や油汚れと混じり合うと、においが発生しやすくなります。

ペット臭

ペットの体臭を発生させる皮脂・汗・菌・微生物や、排せつ物臭を発生させるアンモニア・硫黄を含む化合物などが原因です。

汗臭・皮脂臭

汗臭の原因物質はアンモニア・酢酸・イソ吉草酸。皮脂臭は、皮脂から発生する原因物質のノネナールが発生源です。

調理臭

魚の生臭さなど原料由来のほか、調理過程で発生する硫黄を含む化合物や油の加熱による不飽和アルデヒドなどが原因。

これらにおいのもとを断つことが重要なんだ

においを発生させないトイレ掃除の方法

一日に何度も使うトイレは、思っている以上に尿が飛び散っています。これを放置すれば、あっという間にトイレ臭の原因に。嫌なにおいを防ぐには、ポイントをしぼったトイレ掃除が効果的です。

便座の裏：座って用を足す人は、便座を上げてトイレ用ウエットシートで拭き取る。★できるだけ使用するたびに

壁：トイレ用掃除シートで拭き掃除する。★1日に1回

便器のフチ裏（一周）：フチ裏に塩素系トイレクリーナーを回しかけて、数分おいてから流す。★週に1回

便器のフチの上：立って用を足す人は、便器のフチをトイレ用ウエットシートで拭き取る。★できるだけ使用するたびに

床：トイレ用掃除シートやトイレ用フロアワイパーで拭き掃除する。★1日に1回

汚れがつきやすくにおいが発生しやすい場所

汚れがつきやすい場所にしぼれば、それほど時間はかからなそう

効果的な換気のポイント

部屋の窓を開けて換気を行うと、空気の循環によって新鮮な空気が部屋に入ることで、におい成分が外に排出されます。効率よく換気するためには、風の通り道のつくり方がポイントになってきます。

風の入口と出口をつくる

部屋に窓が複数ある場合は、対極の2方向の窓を5cmほど開ける。

サーキュレーターや扇風機を利用する

窓側に向け、窓の外に風を送るように配置する。対極に窓がない場合にもおすすめ。

- 居室では30分に1度、数分の換気が理想
- カーテンやブラインドは開けて行う
- 部屋に雨が吹き込まなければ、雨の日も換気する
- 24時間換気システムは常時ONにしておく
- エアコンを使用中もこまめに換気する

ひとり暮らしで自分以外に人がいないなら、1時間に1度の換気を心かけて

こんな方法も

トイレでマッチを擦る
マッチの発火成分が嫌なにおいを分解。使用後のトイレの消臭に効果的。

生ゴミを凍らせて捨てる
冷凍することで雑菌の繁殖を抑えられ、生ゴミ臭を発生させない。

アロマスプレーを使う
ペパーミントなど消臭効果のある精油（※）を無水エタノール、精製水に混ぜて作る。

健康を守るお掃除士
松本忠男さん

※精油の特性を理解したうえで使用しましょう。

4

掃除がグッとラクになる洗剤の選び方

掃除が習慣化すると洗剤は1つで足りる

ドラッグストアやスーパーには、用途や場所別に細かく仕分けされた、たくさんの洗剤が並んでいます。でも裏の成分表示を読んでください。実は洗剤には、酸性、中性、アルカリ性の3種類しかないことがわかります。酸性は水あか、アルカリ性は油汚れに対応しますが、掃除する習慣をつければ、中性洗剤1つで足りる場合が多いです。表面がべとついた家電は、中性洗剤を染み込ませたふきんなどを使い、油汚れを拭き取ります。

拭くだけで汚れが取れる使い捨てシートもありますが、注意してほしいのはそれらのシートには洗剤を染み込ませてあることです。ふきんを使う場合も、洗剤をつけた後はかたく絞って水拭きし、ぬれていればかた拭きをしてください。

洗剤がいる汚れといらない汚れ

汚れは、洗剤が必要な汚れとそうでない汚れとに分けられます。取り除くには、場所で洗剤を選ぶのではなく、汚れの種類で洗剤を選ぶことが大切です。

洗剤がいらない汚れ

- ホコリやチリ
- 砂、泥
- 髪の毛

洗剤が必要な汚れ

- 油汚れ
- 皮脂汚れ、角質(あか)
- 汗、尿石汚れ
- 食べ物のカス
- 水あか
- カビや雑菌

出典:『ナチュラルおそうじ大全』(本橋ひろえ著・主婦の友社)

ホコリは掃除機や化繊はたきなどで乾いた状態のまま取り除くのが基本だね

ホコリも放置しておくと汚れの段階が上がって洗剤が必要になるよ。61ページをチェック!

ガンコな汚れは化学を味方につける

汚れには、「酸性」「アルカリ性」「中性」の3つの種類があります。ガンコな汚れを落とすには、それぞれの汚れの性質に合ったナチュラル洗剤を使うことが大切です。

酸性の汚れ	アルカリ性の汚れ	中性の汚れ
家の汚れの大部分を占める。油汚れや皮脂汚れなどベタベタしたものが多い。	水あかや尿石など、結晶化して固まった汚れが多い。	酸性とアルカリ性、対立する2つのどちらにも属さない中間の性質の汚れ。
■ 油汚れ　■ 食べ物のカス ■ 皮脂汚れ、角質(あか)、汗、尿など人の体から出るもの	■ 水あか　■ 石けんカス ■ アンモニア臭 ■ タバコや魚のにおい	■ カビ ■ 雑菌
アルカリ性洗剤を使う	**酸性洗剤を使う**	**除菌効果の高い洗剤を使う**
■ 重曹　■ 石けん ■ 過炭酸ナトリウム(酸素系漂白剤)	■ クエン酸	■ 過炭酸ナトリウム(酸素系漂白剤)
重曹の使い方	**使い方**	**使い方**
• 粉のまま汚れにつけてクレンザーのようにスポンジでこする • 1%の重曹水(40℃のお湯200mLに重曹小さじ1/2)を作り、コンロや床の拭き掃除に • 重曹水を熱して発泡させ、鍋の焦げ落としに	• 1%のクエン酸水(水200mLにクエン酸小さじ½)を作り、水回りの拭き掃除に • 重曹½カップをふりかけた排水口に、水2Lとクエン酸大さじ2を入れて50〜60℃の湯を一気に注ぐ	• 60℃のお湯2Lに過炭酸ナトリウム(酸素系漂白剤)小さじ1を溶かし、ふきんの油汚れのつけ置きや水筒の除菌・漂白、ティーポットや茶碗の茶しぶ落としに

出典:「ナチュラルおそうじ大全」(本橋ひろえ著・主婦の友社)

1つ持つなら中性洗剤

中性洗剤は、酸性・アルカリ性を問わず幅広く汚れを落とすことができるため、汚れの種類がわからないときにも便利です。ただし酸性洗剤やアルカリ性洗剤のような強い洗浄力はありません。

● 中性洗剤の特徴

衣類・金属・ゴム・プラスチックなど幅広い素材に使える

軽い汚れをすっきり落とす

界面活性剤で汚れを落とす

中性洗剤の使用例

原液で使う
• 浴室や洗面所、トイレの便器、排水口などの皮脂汚れや水あか
• キッチンのシンクの食べ物のカスや水あか
• ガスコンロの油汚れ

ぬるま湯に薄めて使う
• 家具や家電、床の皮脂汚れ

台所用中性洗剤が1本あれば、家じゅうのお手軽掃除ができます

クリンネスト
丸マイさん

使いやすくて掃除をラクにする道具を選ぼう

フローリングだけの部屋なら、フローリングワイパーで掃除できます。ただし、塊のゴミやこびりついた汚れは取りにくいので、マイクロファイバークロスやぞうきんで拭き取りましょう。

カーペットは繊維の間に汚れが絡みつき、畳も目地の間にゴミがたまるので、掃除機をかける必要があります。今は吸引力が強いコードレスのスティック型掃除機があるので、そうした掃除機を使うのもよいでしょう。ヘッドを外せば、玄関のたたきも掃除機でゴミを吸い取れます。ポイントを押さえた掃除をしていれば、掃除機をかけるのは、週2回程度で十分な場合もあります。

化繊はたきは、手が届かないところのホコリもぬぐい取れるので、便利です。

最低限そろえたい掃除道具は4つ

用途や場所別にたくさんの掃除道具が販売されています。ひとり暮らしなら、以下の4つの道具があれば、十分。置き場所にも困りません。

ハンディモップ

サッとなでるだけで、家電や家具の上にたまったホコリを絡め取る。伸縮や角度調節機能が付いた商品もある。

フローリングワイパー

ホコリや髪の毛、食べこぼしなどを手軽に取れる床掃除のマストアイテム。柄が長いものは壁や天井の掃除にも使える。

掃除機

ラグの掃除やハウスダスト対策には掃除機が便利。最低限の機能が付いたハンディタイプのスティック掃除機がおすすめ。

マイクロファイバークロス

ホコリを残さずきれいに拭き取れる極細繊維のクロス。床、鏡、家電、ガラス面などさまざまな場所の拭き掃除に使える。

洗剤と同じく、汚れをためなければ掃除道具はこの4つで十分！

限られた置き場所でも、これだけならいいね

掃除は上から下へ！ 4つの道具の使い方

ホコリは上から下へ落ちていくので、掃除も高い場所から始めて低い場所で終わるようにします。68ページで紹介した4つの掃除道具を順番に使いながら、効率よく掃除していきましょう。

1 ハンディモップで ホコリを取る

ハンディモップを使って、ドアの上枠や照明カバーなど、目線よりも高い位置のホコリを払い落としてから、腰の位置くらいの家具や家電のホコリを絡め取っていきます。

2 フローリングワイパーや 掃除機をかける

フローリングワイパーや掃除機を使って、床に落ちたホコリや、床のゴミ、髪の毛などを取り除きます。部屋の奥から手前に進行していくのが基本です。

3 マイクロファイバー クロスで床を水拭きする

床の水拭きは、フローリングワイパーや掃除機かけとセットで、週1回程度行います。マイクロファイバークロスをかたく絞り、木目に沿って力を入れて拭いていきます。

水拭きは
毎日でなくても
よさそう

フローリングワイパーや
掃除機かけは2日に1回、
ほかは週に1回など、
習慣化できる範囲内で
やってみては？

著者 阿古真理さん　　クリンネスト 丸マイさん

掃除機の効率的なかけ方のポイント

掃除機かけにはコツがあります。以下の3つのポイントを意識するだけで、少ない労力でしっかりとゴミを吸い上げることができます。

手前に引く	ゆっくりかける	窓は15cmほど開ける

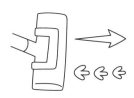

一般的な掃除機は、引くときにかき出したゴミを吸い上げる仕組みです。ヘッドを床に密着させたら、手前に引いてゴミを吸い取ります。

※商品によって異なります。

力を入れてゴシゴシかけると、本来の吸引力を発揮できず、ゴミの集じん量は少なくなります。1往復につき少なくとも5〜6秒かけてゆっくりと動かすのがポイントです。

窓を開けすぎると、外から入ってきた空気で床のホコリが舞い上がるため、掃除機で吸い取れなくなってしまいます。空気の通り道となる2方向の窓を15cmほど開けて行います。

日常的に掃除するほうがラク！
1日で家じゅうきれいにするのは大変

普段は何もせず、「今日は掃除の日」と決めて、たまり切った汚れを、ゴシゴシこすってピカピカにするのは大変で、ますます掃除がイヤになるかもしれません。それより、これまで紹介した汚れやすいポイントを重点的に、普段からきれいにする習慣をつけるほうがラク。

機動力を高めるには、汚れやすい場所それぞれに、マイクロファイバークロスや歯ブラシなどを置いておくとよいでしょう。スティック型掃除機、化繊はたき、フローリングワイパーなど、ホコリ取りに役立つコードレスの道具も、すぐ取り出せる場所に待機させます。動作をラクにする環境を整えておけば、今の生活はもちろん、家族が増えたときにも快適に暮らせるのではないでしょうか。

✧ 掃除のスケジュールを決めよう

ひとり暮らしなら、簡単な掃除を2〜3日に1回、週に1回全体を掃除すればきれいな状態をキープできます。しかし、忙しいときはそうもいきません。そこで、状況に応じた掃除のスケジュールを決めておくのが大切です。

忙しいとき

- キッチンや水回りを使ったときに周りを拭く
- 床に散らかったものを片付ける
- ざっと掃除機をかける
- ハンディモップで気になる場所のホコリを払う

通常モードのとき

- 毎朝フローリングワイパーをかける
- 1日に1回トイレの壁、便座の裏、便座のフチの上を拭き掃除する
- 週に1回洗面台とキッチンのシンクを洗う
- 週に1回掃除機かけをする

余裕のあるとき

- どこか1カ所を重点的に掃除する
- 家じゅうの家具、家電のホコリを化繊はたきで取り除く
- 床をマイクロファイバークロスで水拭きする
- 家具の下を掃除機かけする
- 浴室の水あかを取る

無理のない計画を立てることが続ける秘訣だよ

忙しさによってやることを決めておけばいいんだね

✦「5分掃除」をルーティンに組み込む

家じゅうくまなく掃除するのは、時間も労力もかかります。例えば曜日ごとに掃除する場所を決めて1日5分間だけ取り組めば、負担が少なくて済みます。ライフスタイルに合わせて、1日のスケジュールに組み込んで。

5分掃除の例	
月曜日	トイレ
火曜日	キッチン
水曜日	居室
木曜日	玄関
金曜日	気になるところ
土曜日	やりたいところ
日曜日	休み

 会社員の場合

例：**帰宅直後の5分間で**

仕事から帰ったら、ソファに座り込む前に、掃除機かけをする。不在の間に空気中のホコリが床に落ちてきたタイミングで掃除ができるので効率的。

 学生の場合

例：**起床後の5分間で**

起床後すぐの5分間で、部屋の気になる部分にハンディモップをかけたり、フローリングワイパーで床掃除をしたりする。掃除をしている間に目が覚める。

 在宅勤務の場合

例：**始業前の5分間で**

朝食を食べて仕事を始める前に、ウォーミングアップがてらトイレを掃除する。気分もスッキリして、集中して仕事に向かえる。

> 朝が弱い人もいるし、働き方もいろいろ。あなたなら、いつ5分掃除を組み込む？

✦ 掃除しやすい環境をつくる

ものを持ちすぎている、道具が使いにくいなど、掃除しにくい環境に身を置いていると、掃除嫌いになったり、掃除の習慣がつきにくくなります。掃除に着手する前に、まずは掃除のしやすさを考えましょう。

掃除道具は目につくところに置く	予防掃除やちょこちょこ掃除の習慣をつける	定期的に人を招く
いざ掃除しようと思っても、道具を探すところからスタートとなれば、やる気は削がれます。掃除道具は、見える場所にわかりやすく収納しましょう。さらに、使う場所に近ければ近いほど◎！	たとえ掃除が苦手でも、短時間で簡単に済むのであれば、ハードルは下がります。汚れを防ぐ「予防掃除」や、気づいたときにやっておく「ちょこちょこ掃除」を習慣にして、ラクに掃除をしましょう。	掃除を習慣化するのが難しい人でも、人が来るとなれば、重い腰も上がるかもしれません。来客時に必ず掃除したいのが、玄関のたたきとトイレ、洗面所、居室の床。重点的にきれいにしましょう。

予防掃除はP.72をチェック！

> 掃除がラク、あるいは楽しいと思える自分なりのやり方を見つけることが、快適な環境づくりへの一歩です

著者
阿古真理さん

> 掃除は全部をまんべんなくやらなければいけない、という呪縛を解きましょう

健康を守るお掃除士
松本忠男さん

予防掃除の習慣で掃除が劇的にラクになる

予防掃除とは、工夫して部屋を汚れにくいようにし、掃除の頻度を減らすことです。エアコンで快適な気温を保ちやすくなった現代は、窓を閉め切って生活する人が多くなりました。しかし、それでは通気性が悪くなるので、ホコリもなかなか出て行きません。気候がいい時期は窓を開けるなどして換気し、ホコリがたまりにくい環境に整えていきましょう。

皮脂も汚れの原因になりますが、スリッパを履く習慣をつけると、床に皮脂汚れがつきにくくなります。また、キッチンや水回りは使ったら周りを拭く、それ以外の場所も含めて汚れが目についたら拭く、ゴミやホコリを見つけたら捨てる、という習慣をつければ、清潔な空間を保ちやすくなります。

✧ 入居直後がチャンス！やっておきたい予防掃除

予防掃除とは、汚れが直接つかないようにカバーするなど、家が汚れない工夫をして掃除の負担を減らすこと。部屋が汚れていない引っ越しの後は、予防掃除のチャンスです。

キッチン

換気扇にフィルターをつける

汚れがちなキッチンコンロの上の換気扇には、必ずフィルターをつけて。トイレや浴室の換気扇には、貼るだけのホコリ取りフィルターを貼っておくと便利です。

アルミパネルでコンロを覆う

コンロ周りの油汚れ防止には、アルミパネルが便利です。1口コンロ用のパネルでガードすることで、油がはねる範囲を狭めることができます。

冷蔵庫のドアポケットにキッチンペーパーを敷く

ドレッシングやソースなどの液だれで汚れがちな冷蔵庫のドアポケットの底には、キッチンペーパーを敷いておきます。汚れたらすぐに取り替えられてラクです。

浴室・洗面所

水回りに水に強いマスキングテープを貼る

洗面所や浴室など水回りのコーキングは汚れがたまりやすく、カビの温床に。耐水性のあるマスキングテープを貼り、汚れたときに交換しましょう。

浴室の天井を除菌ペーパーで拭く

フローリングワイパーにキッチンペーパーを取り付け、除菌スプレーを吹きかけて天井を拭きます。浴室の天井に潜んだカビが、浴室内に胞子をまき散らすことを防ぎます。

浴室で防カビ剤をたく

カビの発生そのものを防ぐ防カビ剤は、新居に引っ越した当日にたいておくと安心。煙をたくタイプのものは、防カビ剤が浴室の隅々まで行き渡ります。

✦ トイレ掃除を減らす習慣

面倒なトイレ掃除を極力減らしたい人は、トイレの使い方を意識してみましょう。心がけ次第で、トイレの汚れをつきにくくすることができます。

換気する	座って用を足す	便器のフタを閉めて水を流す
湿気やにおいがこもりがちなトイレの換気扇は24時間稼働に。結露やカビ、ホコリがたまるのも防ぎます。	座って用を足すことで、壁や床への尿の飛び散りの予防に。しかし、便座裏への飛び散りは防げません。	使用後の水には、ウイルスや菌が含まれている可能性も。フタを閉めれば、飛散を防げます。

これなら簡単にできそう

● トイレの予防掃除のアイデア

便器と床の境目に白マスキングテープを貼る

便器と床の境目には汚れがたまりやすく、においの原因にも。汚れ防止には、マスキングテープを貼るのが効果的です。目立ちにくい白マステがおすすめです。1〜2週間に1度、貼り替えます。

尿はね防止シートを使う

便器の裏や便座のフチの上など、尿がはねやすい箇所に貼ることで、便器本体の汚れを防止します。抗菌・抗ウイルス効果があるものがおすすめ。交換の時期は商品によって異なります。

置き型やスタンプ型のトイレ洗浄剤を使う

流すたびに洗浄成分が便器の内側に広がる洗浄剤は、便器の黄ばみや黒ずみ汚れの防止に効果的です。手洗い場に設置するタイプと、便器の内側にスタンプして使うタイプがあります。

こんな方法も

浴室の予防掃除のアイデア

浮かせる収納にする
浴室に残った水気は水あかやヌメリ、カビのもとです。バスアイテムはフックや吸盤式ホルダーなどを使って浮かせる収納に。154・155ページもチェック!

汚れに強いアイテムを選ぶ
バスグッズは、汚れにくいものを選んで。風呂イスや湯おけは、抗菌や防カビタイプを。石けん置きやフックなどは、プラスチックと比べてカビの生えにくいステンレス製がおすすめです。

水気を残さない
入浴後は、壁や天井の水気を拭き取ります。鏡の水気は、スクイジーを使うと簡単です。浴室にたまった湿気を外部へ逃がし、カビの防止にもなる換気扇は24時間稼働させて。

✦ 予防掃除の基本は汚れをつけない・ためないこと

汚れをつけないことと汚れをためないことを工夫する予防掃除は、掃除が苦手な人にこそ試してもらいたい方法です。日常の習慣を変えるだけですぐにできることも多いので、ぜひ取り入れてみてください。

汚れをつけない工夫

- 汚れやすい場所はフィルターやシートなどでガードする
- ラグやマット類を置かない

汚れをためない工夫

- キッチンや水回りを使ったら周囲を拭く
- ゴミやホコリを見つけたらその都度取り除く

61ページと63ページもチェック!

キッチン　キッチンの汚れは、ためないことが鉄則です。汚れを見つけたらすぐにオフする、調理とセットで行うなど習慣にして、短時間かつ簡単に済ませましょう。

拭き取る

食器洗いをしたらシンク周りの水気を拭き取る

水回りを清潔に保つには、水気を残さないことが一番。洗い物の後は、マイクロファイバークロスでシンク周り、水栓の水気を拭き取ります。この一手間が水あかやヌメリ、カビの発生を防ぎます。

毎回　20秒

コンロの汚れは温かいうちに拭き取る

コンロの油汚れは時間がたつと、こびりついて掃除が大変に。汚れが温かいうちに取り除くことが重要です。汚れがついたら、その都度キッチンペーパーなどで拭き取りましょう。

毎回　20秒

調理後はコンロ周りの壁を拭き取る

コンロ周りの壁に飛び散った油汚れも、付着してすぐであれば簡単にオフできます。湿らせたマイクロファイバークロスで拭き取ります。ついでにレンジフードも拭けば完璧です。

毎回　30秒

電子レンジは使ったら庫内を拭き取る

電子レンジは調理した食品に含まれる油分が飛び散ったり、食品カスが付着したりして汚れています。使った後に庫内をマイクロファイバークロスで水拭きすれば清潔を保てます。

毎回　5秒

冷蔵庫の棚についた汚れを拭き取る

しょうゆやソース、ケチャップなどがたれて固まった汚れや生鮮食品のパックからもれた液体など、汚れを見つけたらすぐに拭き取ります。野菜くずなども、落ちていたらすぐに拾います。

毎回　3秒

キッチンの床はフローリングワイパーで拭き取る

シンク周りの片付けが完了したら、最後にキッチンの床を水拭きします。ウエットシートをつけたフローリングワイパーなら油汚れも簡単に拭き取れて便利です。

毎回　30秒

キッチンの拭き取りに役立つアイテム

メラミンスポンジ

水にぬらしてこするだけで、キッチンタイルの油汚れなどをオフ。傷がつきやすいので、使える材質をチェックして！

重曹スプレー

油汚れや皮脂汚れなど酸性の汚れに効果的。冷蔵庫の扉についた手あかもきれいに。

アルコール除菌スプレー

冷蔵庫内の拭き取りに便利。保存容器の消毒などにも使えるキッチン用を選びましょう。

洗う

食器洗いの最後に
三角コーナーと排水口の
ゴミ受けを洗う

掃除をサボっているとあっという間にヌメリが発生する三角コーナーと排水口のゴミ受けは、食器洗いのついでにきれいにするのがポイントです。食器用と別のスポンジに中性洗剤をつけて洗いましょう。

毎回　3分

コンロの五徳を
洗う

吹きこぼれや焦げなど、ガンコな汚れが付着すると、落とすのも一苦労。食器を洗うように、五徳も使うごとに中性洗剤で洗うのがおすすめです。洗い終わったら、キッチンペーパーなどで水気を拭き取ります。

毎回　5分

シンクを
洗う

シンクの掃除は、使った後の「ついで掃除」で済ませましょう。洗い物の後に食器用と別のスポンジでシンク内を洗います。洗ったらマイクロファイバークロスで水気をオフしましょう。

毎回　3分

浴室　浴室の汚れの中心は水あかとカビ。水あかとカビを防ぐためには、水気をオフし、カビの栄養源となる皮脂汚れや石けんカスなどを取り除くことが重要です。

取り除く

排水口の髪の毛やゴミを
取り除く

排水口のゴミ受けには髪の毛や皮脂汚れのほか、石けんカスなどがたまります。放置すると、カビや悪臭の原因になるので、使うたびにゴミを取り除くようにしましょう。

毎回　10秒

拭き取る

お風呂上がりに壁や天井の水気を
拭き取る

入浴後はお湯を抜き、浴室の壁や水栓、鏡についた水気を乾いたクロス、天井をフローリングワイパーで拭き取ります。この一手間で、カビや水あかの発生を予防。

毎回　3分

排水口は素手で
触れるうちに
きれいにするのが肝心!

お風呂掃除のNG行為

天井にいきなりシャワーをかける

天井にカビが付着している場合、いきなりシャワーをかけるとカビの胞子が浴室内に飛び散る場合が!フローリングワイパーを使って、拭き取り掃除をするのが正解。

力まかせにこする

ゴシゴシこするとデリケートな浴室設備を傷つけてしまう可能性があります。こすってできた細かいキズにカビが入り込み、カビを除去しにくくなる場合も。

掃除後に水気を残す

せっかく掃除をしても、水気を残しては逆効果に。乾いたクロスやスクイジーなどの道具で水気を取るところまでが浴室掃除だと理解しましょう。

居室の掃除で押さえておきたいポイントは、ホコリの除去です。掃除機かけまで手が回らない場合でも、便利な道具を使ってホコリを取り除くことできれいをキープできます。

かける

【フローリングの場合】
床に置いてあるものを片付けて フローリングワイパーを かける

フローリングワイパーが1つあれば、髪の毛やホコリ、チリなど、床の上の汚れを簡単にオフできます。短時間できれいにするには、まず床に直置きしているものを片付けて。2日に1度は行いましょう。

2日に1回　5分

取り除く

【カーペットの場合】
粘着クリーナーで ホコリや髪の毛を 取り除く

ハウスダストや髪の毛がたまりやすいカーペットのちょこちょこ掃除には、気になる場所をコロコロするだけの粘着クリーナーを使います。近頃は、洗って繰り返し使える粘着クリーナーも販売されています。

2日に1回　5分

畳の部屋の掃除

目に沿って掃除機かけをする

ホコリがたまりやすい網目に沿って、やさしく掃除機を動かします。1畳あたり1分ほどのゆっくりしたペースでかけます。

2日に1回　5、6分

水拭きする

掃除機で取れない細かいホコリはぞうきんがけが効果的。畳は湿気に弱いので、必ずかたく絞り、乾拭きで仕上げます。

週に1回　5分

換気する

畳には、部屋の湿度を調整する働きがあります。畳の調湿効果が正常に機能するよう、余分な湿気を換気で逃がして。

毎日　5〜10分

時間や気持ちに余裕があるときは……

幅木のホコリを 取り除く

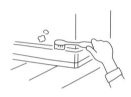

壁と床材の境目にある横板「幅木」はホコリがたまりやすい場所の1つです。使い古した歯ブラシで、やさしくホコリをかき出します。

天井の汚れを フローリングワイパーで 取り除く

床ほどではなくても、天井にもホコリがたまっています。フローリングワイパーに乾いたマイクロファイバークロスを装着し、ホコリを絡め取ります。

フローリングの水拭きもね。
69ページをチェック!

トイレ　掃除の中でも苦手な人が多いトイレ掃除は、使った後のタイミングでササッと済ませることが、継続の秘訣です。まずは汚れやすい箇所にしぼって行いましょう。

拭き取る

ドアノブや ペーパーホルダーのホコリを 拭き取る

空気がこもりやすく、パルプ繊維が出るトイレットペーパーがあり、衣類の脱ぎはきをするトイレは、ホコリがたまりやすい場所です。ドアノブやペーパーホルダーにたまったホコリは、折りたたんだトイレットペーパーで拭き取ります。

1日に1回　5秒

便器の尿ハネ汚れを 拭き取る

便座裏や便器のフチの上についた尿ハネ汚れは、できるだけその都度、トイレットペーパーで拭き取ります。これを習慣にするだけで、におい防止に。汚れがつきやすく、においの発生源になる箇所は、65ページをチェック!

毎回　10秒

壁と床を 拭き取る

男性が立って用を足すと、便器のフチだけでなく、周囲の壁や床にも尿が飛び散ります。一日の終わりにトイレ用掃除シートやトイレ用フロアワイパーを使って汚れを拭き取りましょう。この一手間で、においのない、清潔なトイレに。

1日に1回　30秒

洗面所　水あかやカビがつきやすい洗面所は、使うたびにちょこちょこ掃除をして、汚れをためないことが大切です。浴室と同様、とにかく水気を残さないことを心がけて。

こする

カットしたスポンジで洗面台を こする

洗面台の汚れは、毎日のちょこちょこ掃除がおすすめ。気になるときにすぐ使えるように、小さく切ったスポンジを洗面所に常備しておきましょう。洗面台は水気があるうちにこすればピカピカに。水あか対策にも◎!

1日に1回　30秒

拭き取る

使うたびに水気を 拭き取る

湿った状態が長く続くと、水あかやカビ、ヌメリの原因に。乾いたマイクロファイバークロスを用意しておき、周囲に水分が飛び散ったらその都度拭きましょう。1日の最後には、洗面台も拭き上げて、水気をオフ。クロスは洗って陰干しに。

毎回　5秒

トイレ・洗面所にあると便利な使い古しアイテム

歯ブラシ

水回りのコーキングやタイルの目地、水栓の根元やレバーの溝、便器のフチなどに便利。歯ブラシの毛を半分にカットするとブラシのコシが強くなり、使いやすくなります。

ストッキング

静電気でゴミやホコリを絡め取ったり、細かな編み目で水あかをこすり取ったりと、さまざまな掃除シーンで大活躍! 排水口や三角コーナーのネット代わりにも使えます。

小さくカットしたTシャツ

フライパンの油やお皿の汚れを取ったり、トイレ掃除に使ったりするウエス(使い捨て雑巾)として重宝します。使いやすくカットして、ストックを。

玄関	靴底についた砂や土、着ている服に付着したホコリや髪の毛などがたまるため、ひとり暮らしの玄関も意外と汚れます。まずは玄関に並んだ靴をしまうことから始めましょう。

靴をしまう

出しっぱなしの靴を
片付ける

単身向けの物件は備え付けの靴箱が狭く、手持ちの靴をすべて収納できない場合も。シューズラックや靴の収納量を増やす便利グッズを活用し、玄関に出しっぱなしにするのは避けましょう。玄関に靴がない状態だと汚れに気づきやすいので、自然と掃除をする気になりそうです。

毎日　3秒

> 収納方法は
> P.156をチェック!

掃除機をかける

たたきに掃除機を
かける

たたきの掃除は、掃除機を使います。掃除機ならほうきでは取りにくいタイルの溝や隅の細かな砂、ホコリも簡単に取り除け、わずか1、2分で掃除が完了します。使った掃除機のヘッドはかたく絞ったぞうきんで水拭きに。週に1回、休日の朝のルーティンにするとよいでしょう。

週に1回　1、2分

> 玄関掃除で
> 出たゴミは
> 共用部には出さずに、
> 自宅のゴミ箱へ

ベランダ	ベランダは土ボコリや砂をはじめ、洗濯物から出た繊維くずやホコリなどがたまりやすい場所です。1カ月に1度の掃除習慣で、大掛かりな掃除の必要はなくなります。

取り除く

排水溝のゴミを
取り除く

ベランダの排水溝に風によって運ばれた枯葉や木の枝、プランターから流れ出た土などがたまると、排水溝のつまりの原因になります。排水溝のつまりを放置すると水はけが悪くなり、雨水がたまるなど不衛生です。ゴム手袋をして、排水溝のゴミを取り除きましょう。

1カ月に1回　5分

掃く

砂ボコリを
掃く

砂ボコリはほうきで掃いて取り除きます。ゴミが舞い上がらないように、風上から風下に向かって掃きましょう。ほうきは、やわらかくてコシがある黒シダを素材に使ったものがおすすめです。また、下の階に水が漏れる可能性があるため、水は流さないほうがよいでしょう。

1カ月に1回　5分

余力があったら行いたいアクション

水拭きする

玄関のたたきを
水拭きする

掃除機で砂ボコリを取り除いたら、かたく絞ったぞうきんで水拭きするとスッキリ。しつこい汚れは、水を含ませたメラミンスポンジでこするときれいになります。

窓を
水拭きする

かたく絞ったぞうきんで窓の左上の角からコの字に拭いていきます。水拭きの後は、水気が残っているうちに手早く乾拭きして仕上げます。

✧ それでも汚れが蓄積してしまった場合は

油汚れが付着してから時間がたったり、カビが発生したりするなど汚れの段階が進行した場合は、簡単には汚れを取り除けなくなります。洗剤の力を借りたり、時間をかけたりしながら、念入り掃除で汚れを落としていきます。

キッチン	浴室

こびりついた汚れを
つけ置き洗いする

ポリ袋に、40℃のお湯100mLに対し重曹小さじ1の重曹水と五徳を入れてつけ置きに。1時間ほどたったらブラシで汚れをこすり洗いし、水で洗い流します。換気扇はシンクにお湯をためて行います。

ピンクヌメリは
こすり落とす

ピンクヌメリは皮脂汚れを栄養源に、浴室など水気の多い場所で増殖する菌。繁殖能力が高くすぐに増えてしまうため、見つけたら中性洗剤をつけたスポンジですぐにこすり落としましょう。

黒カビは
カビ取り剤を使用する

時間がたって奥まで菌糸を張った黒カビには、塩素系カビ取り剤を使います。塩素系カビ取り剤は刺激が強いので、ゴム手袋を着用し、直接吸い込まないように換気を行いマスクをするなど、取り扱いには注意が必要です。

水あかは
クエン酸スプレーを使用する

水あかはアルカリ性の汚れなので、酸性のクエン酸が効果的です。水200mLに対しクエン酸小さじ½のクエン酸水を水あかが気になる場所にスプレーし、10分ほど放置したらスポンジでこすって落とします。

> P.67をチェック!

居室	トイレ	洗面所

たまったホコリは
歯ブラシで
かき出す

ホコリは部屋の隅や家具と家具の間、電化製品の溝など、スキマにたまります。細かい場所のホコリは、歯ブラシを使うときれいに取り除けます。

ガンコな汚れは
トイレットペーパーで
パックする

便器内部にこびりついた尿石は、水200mLに対しクエン酸小さじ1のクエン酸水をスプレー。トイレットペーパーでパックして10分おき、メラミンスポンジでこすり落とします。

排水口に
パイプクリーナーを
使う

排水口から嫌なにおいがしたり、つまりかけたりしたときは、汚れを溶かして落とすパイプクリーナーが便利。最近は地球環境に配慮した、天然由来のものも増えています。

ココも汚れがたまりやすい!

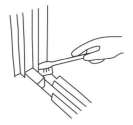

窓のサッシは歯ブラシで
汚れをかき出す

サッシには砂ボコリや髪の毛などがたまります。乾いた汚れなので、水拭きは逆効果。歯ブラシでかき出すようにして取り除きましょう。

カーテンを
洗う

カーテンには砂ボコリ、花粉、油汚れ、カビ、雑菌など、隠れた汚れがいっぱい。年に1〜2回は洗いましょう。家庭用洗濯機で丸洗いできるものが便利です。

戦後の居住環境の変化が掃除のスタイルを変えた

日本で最初に販売された掃除機は現在の東芝製で1931年！　しかし高級品だったため、本格的に普及するのは、お手頃価格の商品が登場した戦後です。

きっかけは、昭和半ばに団地などの集合住宅が増えたこと。ほうきで庭へゴミを掃き出す習慣が成り立たなくなったからです。カーペットを敷く家庭が増え、掃除機でないとゴミが取れなくなったことも普及を後押ししました。紙パック式のキャニスター掃除機は、1980年代に広がります。1990年代にはサイクロン式掃除機が、2000年代にはロボット掃除機が登場します。そして近年は、スティック型掃除機が主流になりました。進化して選択肢が増え、掃除はラクになってきたのです。

団地住まいが掃除機普及のきっかけに

1960年代、高度経済成長期の日本では近代的な団地住まいが空前のブームに。掃除機は、純和風から洋風の暮らしにシフトするこの過程で広まりました。

～1950年代

1960年代～

1950年代半ば頃まではほうき掃除が一般的で、戸建ての家屋には、ゴミを庭へ掃き出すための掃き出し窓がありました。1960年代に入ると、団地のダイニングキッチンでイスに座る洋風な暮らしが広まりました。この居住環境の変化が、掃除の形態を変えるきっかけとなったのです。

● 洗濯機・冷蔵庫・掃除機の世帯普及率の推移（1955～1990年）

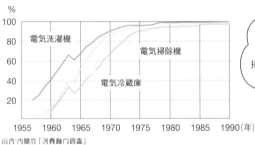

洗濯機と冷蔵庫のあとを追いかけるような形で、1960年代、掃除機の普及率は一気に40％台に上がったんだ

内閣府「消費動向調査」

掃除機の変遷

掃除機が広く普及した1960年代から半世紀以上が経過し、掃除機はいくつもの転換点を迎えながら進化してきました。2000年代に入ると、サイクロン式やロボット掃除機が登場し、利便性の追求がヒートアップしました。

1960年代末期～1970年代

カセット集じん方式の掃除機が発売

1968年、カセット内にゴミを固めて集じんし、ポンと捨てられる、カセット集じん式掃除機が登場。1970年代になると、鉄製からプラスチック製の掃除機が主流になりました。

1980年代

紙パック式掃除機の時代へ

紙パックをセットすると、ボタン操作だけでゴミに触れることなく捨てられる掃除機が登場しました。1982年に発売した紙パック式掃除機は、縦置き可能な形も話題に。

1990年代～

省エネ掃除機の登場

地球温暖化対策への機運が高まり、毎日の生活の中で使うエネルギーをムダなく上手に使うことを意味する「省エネ」をうたう家電が増えました。

2000年代～

ロボット掃除機が大ヒット！スティック型掃除機の台頭

2004年、ダイソンが日本市場向けのサイクロン式掃除機「DC12」を発売。「吸引力の変わらない、ただひとつの掃除機」というフレーズがインパクトを与えました。その後、軽量ながら本格的なサイクロン機能搭載のスティック型掃除機の発売、ロボット掃除機「ルンバ」の2018年販売モデルの大ヒットと、市場は発展を続けてきました。

2004年サイクロン式キャニスター掃除機が大ヒット

2012年スティック型のサイクロン式掃除機が登場

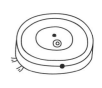

ロボット掃除機が共働き家庭の新・三種の神器に

 新時代のトレンドは暮らしの快適性を重視する掃除機

2010年代になると、掃除機は軽くて操作性に優れたコードレスのスティック型掃除機が主流になります。そして2020年代に入り、掃除ストレスに対応し、新しい掃除スタイルを提案する掃除機が登場しました。

● 自動ゴミ収集ドック付き掃除機

本体が吸い込んだゴミをドック（充電台）が自動収集する自動ゴミ収集ドック付きのコードレスのスティック型掃除機がメーカー各社から続々と登場。ホコリが舞い散りやすい、ゴミ捨ては面倒……そんなゴミ捨ての煩わしさを軽減する掃除機として注目されています。

> 利便性の次は、快適性。掃除機の進化から、その時代の人々が求めているものがわかるね。ひとり暮らしで重宝するコンパクトなスティック型掃除機の誕生も、進化のおかげ！

わたしの家事スケジュール

平日

7:30	起床
7:40	コーヒーを飲む
7:50	シャワー
8:30	散歩、身支度
9:00	出社
21:30	帰宅
21:40	夕食
22:00	シャワー
24:00	就寝

平日の夕食は
近くのスーパーで
割引になったお弁当や
お総菜で済ませ、余分な
家事を減らしています

休日

8:30	起床
8:45	散歩
9:30	洗面所・キッチン・浴室の掃除
11:00	近くの商店街へ買い出し
13:00	買ってきたパンで昼食
19:00	友達と夕食
21:00	銭湯に行く
23:00	就寝

機械に頼れない
掃除は休日に
まとめて行います

便利な家電を
導入して、自分時間を
確保しているんだね

家事の工夫

基本的に機械に頼り、人間の稼働を最小限まで抑えています。洗濯物がたまると自動で洗濯するように、スマート家電化しています。時間があるときは、なるべく自炊に。自分で作ったほうが安上がりで、テンションも上がります。

Column 4
わたしのひとり暮らし

床掃除・洗濯・食器洗いは機械に頼る

侑真さん
（29歳・会社員・東京都在住）
ひとり暮らし歴6年

家事にかける時間はなるべく少なくして、ラクをしたいと思っています。特に床掃除と洗濯、食器洗いは残業が多いととても大変なので、ロボット掃除機やドラム式洗濯機、食洗機を導入。機械に任せるところは任せて、自炊など、好きなことにはこだわっています。

好きな家事トップ3

1位 料理
気分転換になる。おいしくできるとテンションも上がる。

2位 洗濯
もとは苦手だったが、ドラム式洗濯機で好きな家事に。

3位 布団のクリーニング
洗い上がりがとても気持ちよく、気分が上がるから。

苦手な家事トップ3

1位 皿洗い
手が荒れやすいから。

2位 コンロ周りの掃除
機械に頼れないため。化学的に汚れを落とす工夫をしている。

3位 ゴミの分別
収集場所に持っていくのも面倒。

洗濯・衣類の基本

Chapter 4

汚れ落ちに差が出る洗い方や、
大切な衣類を長持ちさせる
干し方とたたみ方を覚えて、
めざせ！ 洗濯マスター!!

監修／本橋ひろえ（ナチュラルクリーニング講師）

汚れた衣類は疲れやすさや肌荒れのもとに

衣服は着れば必ず汚れます。肌着など肌に直接触れる衣類はあかや皮脂、汗がつき、上着などのアウターはホコリや排気ガスなどがつくからです。

汚れた衣類は付着したウイルスや雑菌が感染症にかかる原因になり、花粉で花粉症の症状が出る、汗を吸いにくくなるため体がだるくなったり肌が荒れやすくなる、体温の調節がうまくいかなくなるなど、体調を崩す原因になります。

着ているうちに型くずれし、色つやも悪くなるので、印象も悪くなってしまいます。会う人への敬意を示すためにも、汚れた衣服を着るのはよくありません。

洗わない期間が長くなるとにおいも出てきますし、汚れも落ちにくくなり、衣類が早く傷んでしまいます。

✧ 改めて知っておきたい衣服の役割

衣服には、以下のような保健衛生上の役割があります。ほかに作業や運動をしやすくする生活活動上の役割や、所属や職業を表す社会生活上の役割もあります。

体温をコントロールする	自然環境から身を守る	体を保護する
衣服の素材や枚数を調整することで、体を保温したり、体にこもった汗や熱を放出したりすることができます。	気温や湿度、雨や風、紫外線など、避けられない自然環境の変化から体を保護する役割があります。	ケガややけどなどのリスク、汚れや細菌から体を守ります。汗を吸収し、体を安全で清潔に保つ役割も担います。

出典:東京都クリーニング生活衛生同業組合

● 衣類の種類とおもな働き

下着

- 温度変化や汗、汚れなど外部の刺激から体を守り、快適さと清潔な状態を保つ
- 体を適度にサポートし、動きをスムーズにして活動しやすくする
- ボディラインを整える

肌着

タンクトップ、ランニングシャツ、キャミソール、Tシャツ など

- 暑さや寒さから体を守る
- 汗を吸着して、ムレによる不快感を軽減したり、肌を清潔に保つ

ミドルレイヤー(中間着)

ロンT、シャツ、セーター、カーディガン、トレーナー、パーカー など

- 保温性と保湿性を兼ね備え、冷気を遮断して、体から発生した熱を逃さない役割を持つ

アウター

コート、ジャケット、ブルゾン、ウインドブレーカー、タウンベスト、ショートダウン、ニットカーディガン など

- 寒さ、風、雨や雪などから体を保護する

✧ 衣類につく汚れの種類

衣類には、さまざまな汚れが付着します。衣類に付着する汚れは大きく分けて、ホコリや排気ガスなどの外からつく汚れと、皮膚から出る皮脂やあか、汗などの体からつく汚れの2つです。

砂、ホコリ、花粉、排気ガスなど空気中の汚れ

食べこぼし

外からつく汚れ

雑菌、カビ

皮脂

体からつく汚れ

あか

汗

洗わずにほったらかしにしておくと……

衣類の劣化

- 型くずれや色あせを起こしやすくなる
- 生地がかたくなるので、袖口や裾が擦り切れやすくなる
- においが発生する
- 虫食いが発生する

人体への悪影響

- 付着したウイルスや雑菌によって感染症にかかりやすくなる
- 体がだるくなったり、疲れやすくなったりする
- 肌荒れしやすくなる
- 体温調節をスムーズに行えなくなる

✧ 自宅で洗えるもの・洗えないものはタグのマークを見る

衣類に付着した汚れは、洗濯によって取り除きます。衣類の素材によって、自宅の洗濯機で洗えるもの、手洗いするもの、自宅で洗えないものに分類され、それぞれ洗濯表示で判断します。89ページもチェック!

自宅で洗える 洗濯機OK!	40 通常の強さ	40 弱い	30 非常に弱い	【おもな素材】 綿・麻・ナイロン・ポリエステル

※数字は洗濯液の上限温度、下線は洗濯の強さを表す。

自宅で洗える 手洗い	手洗い推奨	【おもな素材】 手洗いマークのついた素材

自宅で洗えない クリーニングへ	P=塩素系溶剤(パークロロエチレン)および石油系溶剤によるドライクリーニングができる	F=石油系溶剤によるドライクリーニングができる	W=ウエットクリーニング(水洗い)ができる	【おもな素材】 レーヨン・毛(ウール・カシミヤ・アンゴラ)・キュプラ・シルク・アセテートなど

衣服の黒ずみや黄ばみは洗濯するサイン

黄ばみの原因は皮脂汚れです。皮脂とは油汚れなので、雑菌が繁殖する前ににおいがし始めます。襟や袖口などが黒ずむ原因は食べ物や泥、ホコリです。洋服の一部が黒ずんで見えるのは、実は全体が汚れたサインです。洗濯機で洗うか、クリーニングに出しましょう。

レースなど引っかかると傷むもの、しわになるのが心配なおしゃれ着、タイツや長袖など細長くて絡みやすいもの、色が濃い服は、摩擦を防ぐため1枚ずつ洗濯用ネットに入れて洗いましょう。

汗などでぬれた衣類は、すぐに洗濯しないのであれば、しばらく外に置いて乾かします。洗濯機に入れておくなら、フタをしないこと。ぬれたままの衣類をしまい込むと、雑菌が繁殖してしまいます。

✦ 合成洗剤を使わないナチュラル洗濯とは？

肌への刺激や環境負荷が心配な合成洗剤を使わない、ナチュラル洗濯という方法があります。汚れ落としの主役となる粉石けんや液体石けんをはじめとする4種類の洗剤を使います。

● 化学の力で汚れを落とす4つのナチュラル洗剤

洗剤	性質／特徴	働き
天然の界面活性剤 石けん	弱アルカリ性	食べこぼしや襟や袖口の黒ずみ、皮脂汚れを落とす。こすり洗いには固形石けん、洗濯機での洗濯には粉石けんや液体石けんを使う。
石けんを助ける 重曹	かなり弱いアルカリ性	水質をアルカリ性に保つ働きがあり、石けん水が衣類の汚れによって酸性に傾くのを防ぎ、石けんの洗浄力を保つ。
菌もカビもやっつける！ 過炭酸ナトリウム（酸素系漂白剤）	弱アルカリ性	雑菌やにおいの除去や衣類のしみ抜き。重曹とともに洗濯機に投入して使う。漂白には鍋に水と一緒に入れて煮洗いする。
アルカリ汚れにはコレ！ クエン酸	酸性	水あかや石けんカスなど、アルカリ性の汚れを落とす。柔軟剤ポケットに入れて、洗濯の仕上げに使う。

使い方 縦型洗濯機の場合、石けん、重曹、過炭酸ナトリウムは直接洗濯槽に、クエン酸は柔軟剤ポケットに入れます。軽い汚れの場合、水30Lに対し石けん大さじ1と½（22.5mL）、重曹¼カップ強（68mL）、過炭酸ナトリウム大さじ1と½（4mL）、クエン酸小さじ1（2mL弱）が洗剤量の目安です。

ナチュラル洗剤は掃除にも使えて便利！くわしくは67ページをチェック！

ナチュラルクリーニング講師
本橋ひろえさん

洗濯ネットの使い方にもコツがある

洗濯ネットには、洗濯による型くずれを防いだり、ダメージを最小限に抑える効果があります。衣類を守りつつ汚れをきちんと落とすためにも、洗濯ネットを正しく使うことが大切です。

● 洗濯ネットの種類

角形ネット

大
（約40×50cm～）

ジャケット
セーター
カーディガン
トレーナー
スラックス
スカート
デニム　など

中
（約30×35cm）

ワイシャツ
Tシャツ
ブラウス
キャミソール
タンクトップ
女性用ショーツ
ガードル

小
（約20×20cm）

ストッキング
タイツ
靴下

立体状ネット

約21×21cm

ブラジャー

**洗濯ネットの
上手な使い方**

洗濯ネット
1枚につき1着

ファスナーは閉めて
ボタンは外す

衣類はネットの
大きさに合わせる

装飾がついた衣類は
裏返して入れる

柔軟剤と漂白剤は不要?

柔軟剤は水を弾きやすくする働きがあり、汗を吸い取りにくくするため直接肌に触れる衣類に使うのはNG。漂白剤も、毎回の洗濯ですべての衣類に使う必要はありません。

柔軟剤

- 衣類をやわらかくし、香りづけする
- 静電気を防止する
- 花粉の付着を防ぐ

⚠️衣類の吸水力が落ちる
⚠️肌トラブルに見舞われることも
⚠️香害や環境破壊の原因に

合成洗剤や柔軟剤、化粧品などに含まれる合成香料（化学物質）によって不快感や健康被害が生じること

⚠️洗浄が不十分な状態で使うと、落としたいはずの汚れがくっつき、衣類の機能劣化や雑菌のエサの温床に

漂白剤

- 酸素系漂白剤と塩素系漂白剤があり、塩素系漂白剤のほうが漂白力が強い
- 化学反応によって、しみや汚れの色素、汚れ自体を分解して落とす

⚠️塩素系漂白剤は、色物や柄物に使うと色落ちする場合も

正しい洗濯の方法は、88・89ページをチェック!

ひとり暮らしの洗濯回数
2日に1度が目安

洗剤の界面活性剤の力で、繊維についた汚れを吸着して取り込み、水に溶け込ませて汚れを流すのが洗濯です。衣類をしっかり洗濯液につけ込み、たっぷりの水やお湯で泳がせることが重要なので、洗濯機で指定される水量に関わらず、使える最大量の水・お湯を使いましょう。

洗濯物は1人が1日に約1・5キロ出る、と言われているので、ひとり暮らしなら2日に1度が洗濯回数の目安です。

汗などの分泌物が多く出る夏の衣服、肌着などは一度着たら洗うべきですが、肌に直接触れない上着などのアウター、スカートなどのボトムスは毎日洗う必要はありません。また、毎日同じものを着ないで、いくつかの衣類を着回すことが、傷みを防ぐうえでも大切です。

✿ 洗濯物は最大容量の7〜8割にする

洗濯機に洗濯物をつめ込みすぎると、洗剤がうまく溶けなかったり、汚れが落ちにくかったりする弊害があります。洗濯物は洗濯機の最大容量の7〜8割にとどめましょう。

適した洗濯量

洗濯機の容量	洗濯量
5kg	3.5kg以下
6kg	4.2kg以下
7kg	4.9kg以下

1日1人分（約1.5kg）の洗濯物の目安

| ワイシャツ1枚（約200g） | 長袖シャツ1枚（約130g） | 綿パンツ1枚（約400g） | パジャマ上下1着（約500g） |

ボクサーパンツ1枚（約70g）　　靴下1足（約50g）　　タオル2枚（約80g）

● 正しい洗濯洗剤の量とは？

縦型洗濯機	水量で決まる
ドラム式洗濯機	衣類の重さで決まる

洗剤の量は多すぎても少なすぎても、汚れはきれいに落ちません。洗剤の目安は縦型洗濯機は水量、ドラム式洗濯機は衣類の重さで決まります。でも、大切なのは汚れの「量」で決めること。汚れているときは、水量も洗剤量も多めにすることが重要です。

! 洗剤の量が適切でないと生じる問題

洗剤が多すぎて衣類に洗剤が残ると、肌トラブルの原因になることも。また、洗剤が少なすぎて衣類の汚れを落とし切れないと、付着した汗や皮脂が黄ばみや黒ずみの原因になります。

洗濯機の洗浄力は水量で決まる

水の量が少ないと、汚れが繊維に残りやすくなります。効率的に汚れを落とすには、洗濯機に対して7〜8割の洗濯物を入れて、手動で最大水量に設定すること。汗をかきやすい季節や運動量が多い人は、この方法がベストです。

水の量が少ないサイン

洗濯中に衣類が水面から上に出てしまっている

衣類に生乾きのにおいがつきやすい

洗濯した衣類にぬれていない部分があった

皮脂汚れを落とすには
お湯で洗うのも
おすすめ！

ナチュラルクリーニング講師
本橋ひろえさん

汚れがついたらなるべく早めに洗う

少量の洗濯物をたっぷりの水量で洗ったほうが、一気に汚れの濃度が薄められ、きれいに洗い上がります。汚れた洗濯物を放置すると雑菌が繁殖し、嫌なにおいの原因にもなるので、洗濯物はためこまないことが大事です。

洗濯前に必ずチェックしたい洗濯表示

家庭洗濯は水で洗いますが、ドライクリーニングは有機溶剤で洗います。クリーニングに出したほうがいい衣類は、型くずれが心配なものや、できるだけ元の状態に近い形で着たいものです。家庭で洗濯するときに必ずチェックしたいのが「洗濯表示」です。

● 5つの基本記号

家庭洗濯
漂白
乾燥
アイロン
クリーニング

強さ
下線なし
家庭洗濯（通常の強さ）　家庭洗濯（弱い）　家庭洗濯（非常に弱い）

温度
低い　高い

数字
洗濯液の上限温度を表す

禁止
〈例〉
家庭での洗濯禁止
基本記号と組み合わせて禁止を表す

通気性をよくすることが大事！
部屋干しは空気を循環させる

衣類はぬれると形が変わります。まずよく振りさばき、手で形を整えながら干しましょう。セーターはハンガーにかけると重さで伸びるので、平干しします。

しわになりやすい麻などは、ぬれた状態でアイロンをかけ、しわを伸ばしてから干して乾かすとよいでしょう。よく乾かすには通気性が大事なので、洗濯物同士の間隔を開けます。部屋干しする場合は室内の真ん中に干し、窓を開けるか、扇風機やエアコンの除湿機能などで風を送ります。水分は下にたまるので、乾きにくい衣類には下部を中心に風を当てましょう。外干しの場合は、パーカーのフードなど乾きにくい部分をさかさまにする、あるいはハンガーを二つ使ってフードを離すなどすると乾きやすくなります。

型くずれを防ぎながら干す方法

型くずれを防ぐには、衣類に合わせて干し方を変えることがポイントです。ニットなどデリケートな衣類は平干しに、トレーナーなど厚手で重いものはさお干しにします。干し方も衣類の表示ラベルで確認できます。

平干し
洗濯表示

（日なた）　（日陰）

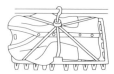
ピンチハンガーの上など、洗濯物を平たい場所に広げて置いて乾かす干し方。

さお干し
洗濯表示

（日なた）　（日陰）

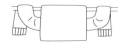
さおに直接かけて干す方法。ハンガーで吊り干しにすると伸びやすい衣類に適している。

！ ぬれ干し表示もチェック！

ぬれ干しとは、洗濯機の脱水や手でねじり絞りせずに干すこと。床のぬれが気になる場合は、タオルで軽く水分を吸い取ってから干してもOK！

ぬれ平干し

（日なた）　（日陰）

ぬれ吊り干し

（日なた）　（日陰）

しわを防ぐ脱水と干し方のコツ

脱水時間は短めにし、脱水後はできるだけ早く干します。上下に衣類を大きく数回振り、その後軽くたたんだ衣類をパンパンとたたきながら小さなしわを伸ばします。

✨ 風通しよく干す方法

洗濯物の干し方は、洗濯物が乾くスピードや乾き具合にも影響します。乾きが遅いと、雑菌が繁殖して嫌なにおいの元になる場合も。風通しよく干す工夫をしましょう。

**アーチ干しで
乾く時間を短縮**

角ハンガーの両端に丈の長い衣類、中央に向かって短い衣類を吊るす干し方。アーチ下の大きな空間により風が当たりやすい。

**大物は
ジャバラ干しに**

シーツや大きめのタオルなどの大物はジャバラ状に干すのが◎！ スペースが少なくても、風通しよく干すことができる。

**ボトムは
筒状に干す**

デニムなど厚めのボトムは裏返してウエスト部分を筒状に留めていく。裏返すことで、ポケット部分も乾きやすくなる。

**パーカーはズボン用
ハンガーとのW使い**

パーカーの乾きにくいフード部分は、少し持ち上げながらズボン用ハンガーで留めると通気性がよくなる。

 夜の外干しはやめよう！

夜に外干ししてぬれている時間や半乾きの時間が長くなると、雑菌が繁殖してにおいの元に。せっかく乾いた洗濯物は湿ってしまいます。また、夜の外干しは留守やひとり暮らしであることを伝えているようなもの。防犯上もNGです。

フード付きトップス
専用のハンガーもある

✨ やってしまいがちなNGな干し方

干し方は乾くスピードや乾き具合、しわのつきやすさも左右することがわかりました。また、衣類によって干し方を変えることも肝心です。わかってはいるけれど、ついやりがちな干し方のまちがいをまとめました。

**靴下を履き口を
下にして干す**

つま先を留めて干すと、履き口に水分がたまって乾きにくかったり、ゴムの劣化につながったりする場合があります。履き口を留めて干しましょう。

**バスタオルを
半分に折って干す**

さおにバスタオルを干すときは、重なる部分を減らすために、前後で位置をずらして洗濯ばさみで留める「ずらし干し」に。半分に折って均等に干すと風通しを悪くし、非効率です。

**洗濯物を
表向きにして干す**

色褪せを防ぎ、乾きやすくするために、裏返しに干すのが基本です。汚れ落ちをよくし、生地の傷みを抑えるために、洗うときも裏返しにしましょう。

**カーテンレールに
洗濯物を吊るす**

カーテンレールに洗濯物を吊るすと、カーテンのホコリや結露が付着して、洗濯物の汚れにつながる場合も。洗濯物の重みでカーテンレールが壊れてしまうこともあるので避けて。

ほんの少しの
心がけで
衣類の劣化を
防げるよ

折りじわができないたたみ方

インナーは引き出しの高さに合わせてたたみ、立てて収納

タンスや衣装ケースにたたんで収納するのに向くのは、しわになりにくい合成繊維の衣類や、厚みがあるセーター類。下着やＴシャツなどのインナーは、引き出しの高さに合わせてたたみ、立てて収納すると、全体量を把握しやすく、取り出しやすくなります。

ワイシャツなどのフォーマルな要素を持つ服をたたむ場合は、洋服売り場に並んでいるときのように、前側を表にするのがおすすめ。背中側にもしわが伸びますが、着ている間にもしわが伸びますし、しわがないほうが印象もよくなります。

前側はそうなりませんし、しわがないほうが印象もよくなります。

綿や麻などしわになりやすい素材の服は、ハンガーで吊るす収納が扱いやすく、それはボトムスや上着類も同じです。

◈ "たたむ"か"吊るす"か

衣類の収納には、ハンガーで吊るす方法と、コンパクトにたたんで引き出しや収納ケースなどにしまう方法があります。

吊るす
たたみじわがついたら困るワイシャツやカットソー、ワンピース、綿や麻素材の服の収納に◎!

たたむ
しわになりにくい合成繊維の服や吊るすと型くずれしやすいセーター、下着などの収納に適している。

吊るすメリット

- 洗濯物をたたむ手間が省ける
- しわになりにくく、アイロンがけの回数が減る
- 手持ちの服を見渡しやすい
- 服を取り出しやすい

たたむメリット

- たくさんの衣類を収納できる
- フタ付きケースや引き出しに収納すれば、ホコリや汚れから服を守り、清潔に保管できる
- 服同士の摩擦を防ぐので、生地が傷みにくく毛玉ができにくい

すっきりきれいに収納するたたみ方

正しいたたみ方がわかると、服のしわを最小限に抑えながらスピーディーかつ簡単に、そして収納に合わせてコンパクトにしまうことができます。収納容量が少ないからこそ、上手なたたみ方をマスターしましょう。

例❶ トップスは引き出しの高さに合わせてたたむ

立てて収納すると見栄えがいいうえに取り出しやすく、収納力もアップします。

❶ 前側を下にして広げ、収納するサイズに合わせて左右を折る。

❷ 縦方向に2つに折る。

完成

❸ 収納の高さに合わせてさらに折る。

❹ 折った部分が上になるように立てて収納する。

例❷ ボトムは厚みをなくしてコンパクトにたたむ

3つ折りにするとコンパクトに。収納場所に合わせて4つ折りにするなど調整しましょう。

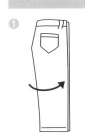

❶ 前側を上にして広げたら、半分に折る。

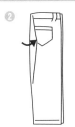

❷ 股の出っ張り部分を内側に向かって折る。

❸ 3つ折りにする。

完成

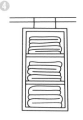

❹ 引き出しや、吊り下げ収納用ラックに入れてもOK!

衣服を長持ちさせる収納方法

お気に入りの衣服を少しでも長くきれいに着るためには、日頃の収納が大切です。特に収納スペースにぎゅうぎゅうにつめるのは、しわや型くずれ、湿気によるカビや黄ばみ、衣類害虫の発生につながるので厳禁です。

✕ NG

- クローゼットやタンスにぎゅうぎゅうにしまう
- 衣服を雑にたたむ
- 衣服を段ボールや紙袋に入れて保管する

○ OK

- 厚みのある服は吊るして収納せずたたむ
- サイズの合ったハンガーを使う
- 定期的にクローゼットや押し入れ、引き出しを開放して湿気を逃がす

衣類に紫外線が当たるのもNG!
市販の不織布のカバーをつけるなど保護しよう

服を買うときは素材と洗濯表示を確認する

最近は、合成繊維を使った衣類が、本当に多くなりました。ポリエステルなど石油由来の合成繊維は割安でしわになりにくく、型くずれしにくい点が利点です。

一方で、合成繊維は天然繊維とちがって汗を吸わないので、肌に直接触れる肌着やシャツが、体調を崩す原因になることがあります。油脂などを吸着しやすいため、早く薄汚れてしまいがちです。アクリルのセーターが、着ているうちにおってきたことはありませんか。それは、皮脂汚れが酸化し、雑菌が発生するためです。また、ホコリなどの汚れが毛玉の原因になったり、静電気が起きやすい問題も。衣類を買う際は、裏に縫い込んである表示ラベルの素材と洗濯表示で扱いやすさを確認してから選びましょう。

✧ 繊維の種類と性能を知る

私たちが普段着ている服は、「合成繊維」「天然繊維」「再生繊維」の3つに分けられます。それぞれの繊維には、特徴があり、着用した際の着心地も左右します。

分類	合成繊維				天然繊維					再生繊維		
繊維名	ポリエステル	ナイロン	アクリル	ポリウレタン	綿(コットン)	絹(シルク)	麻(リネン)	ウール(羊毛)	毛(カシミヤ・アンゴラ・アルパカなど)	レーヨン	キュプラ	リヨセル(テンセル)
吸水・吸湿	×	△	△	×	◎	◎	◎	◎	◎	◎	◎	◎
強度	◎	◎	◎	◎	◎	△	◎	△	△	△	○	○
伸縮性	○	○	○	◎	△	△	△	○	○	△	△	△
耐熱性	△	×	×	×	◎	△	◎	○	○	○	○	○
肌あたり	△	△	△	△	◎	◎	△	○	○	◎	◎	◎
洗濯の手軽さ	◎	◎	◎	△	◎	△	△	△	△	△	△	△

● 表示ラベルの
　チェックポイント

❶ 使われている繊維の割合
❷ 衣服を長持ちさせるための注意点
❸ 洗い方などを示した洗濯表示

❶ 表地　ポリエステル100%
　　裏地　ポリエステル100%

❷ 洗濯ネットを
　　使用してください。

❸ ○○繊維(株)
東京都○○区○○1-1-1

日本製

✧ 合成繊維と天然繊維のメリット・デメリット

合成繊維の多くは型くずれしにくい一方で、吸水性や吸湿性が低く汚れが落ちにくい特徴があります。天然繊維は吸水性・吸湿性・通気性に優れ着心地のよさが利点ですが、一部、耐久性に欠けるものがあります。

● 合成繊維

◯ メリット

- しわになりにくく、型くずれしにくい
- 縮みや伸びが起こりにくい
- 軽くて丈夫
- 大量生産が可能なので安価
- 乾きが速い

✕ デメリット

- 一部の合成繊維は通気性が低く、汗をかいた後にムレたり不快感を感じたりすることがある
- 静電気が起こりやすい
- 汚れを吸着しやすい

- 肌トラブルを起こすことがある
- 製造過程や廃棄物の処理が環境に負荷をかけることがある

● 天然繊維

◯ メリット

- 吸水性・吸湿性に優れ、着心地がいい
- 肌触りがいい
- 風合いや質感が豊か
- 環境にやさしい

✕ デメリット

- 一部の天然繊維は耐久性に欠ける
- しわになりやすい
- 縮みやすい
- 色あせしやすい

✧ 静電気が発生しにくい組み合わせでコーデする

繊維には電気を帯びやすい性質のものがあります。また、素材の組み合わせも静電気の発生を左右します。静電気が起きやすい服は体を疲れやすくするため、できるだけ発生しないコーディネートを選びましょう。

● 静電気が発生するメカニズム

すべての物質は「＋」と「−」の電気を同じ数だけ持っています。通常は保たれているそのバランスは、摩擦によって偏ります。偏った「＋」と「−」が元に戻ろうとしたときに静電気が起こります。

```
⊖ ⊖ ⊖
⊖ ⊕ ⊖
⊕ ⊕ ⊕
⊖ ⊕ ⊖
```
「＋」と「−」
が偏る

〈帯電列〉

−に帯電しやすい		帯電しにくい		＋に帯電しやすい
ポリエチレン アクリル ポリエステル	麻（リネン）	綿（コットン） 絹（シルク） レーヨン	ウール	ナイロン

静電気が発生しやすい

帯電列の距離が遠い素材の組み合わせ
例 アクリルのスカートにナイロンのタイツ

静電気が発生しにくい

同じ性質の電気を帯電する
例 ナイロンのシャツにウールのカーディガン

帯電しにくい素材同士の組み合わせ
例 コットンのTシャツに麻のジャケット

綿はすべての素材で最も静電気が起きにくいから何を合わせてもOK！

ナチュラルクリーニング講師
本橋ひろえさん

簡単に洗えない衣類はブラッシングする

ひんぱんに洗わない冬の衣類は、着用後に平らな場所に広げ、ブラッシングすると、繊維の流れを整えホコリを落とせます。セーターは毛玉になりにくくなるので、購入時の美しさを長く保てます。

コートなどよく着る上着が薄汚れてきたら、シーズンの中ほどで一度クリーニングに出すと、きれいになるだけでなく保温力も復元するのでおすすめです。

適正量にする管理も大事。下着類は、予備も含めて1週間分買っておくと安心です。洋服は収納に入りきる量にとどめ、着なくなった服を売る、捨てるといった目途をつけてから新しく買いましょう。管理しきれないほど多くなると、衣類の山にお気に入りの衣服が埋もれがちになり、着なくなってしまうかもしれません。

✧ 衣類を長持ちさせる習慣を身につける

上着やコート、ウールのアイテムなど、秋冬物にはひんぱんに洗えない衣類が多くあります。洗濯機で洗えないからこそ、ブラシで汚れを落とすなどのお手入れが必要です。

洗えないものは拭く

皮革のコートやジャケットなど、洗えないものはこまめに乾拭きを。着用したら毎回レザーケア用のクロスで乾拭きし、通気性のいい場所に保管します。

頻度

着るたびに

目的

・汚れを落とす
・つやを出す
・カビの発生を防ぐ

スチームをかける

壁などに吊るした衣類を軽くひっぱりながら、ゆっくりとスチームアイロンをあて、汗やにおいを蒸気で飛ばします。必ず熱と水に強い衣類に限定して行いましょう。

頻度

においやしわが気になるとき

目的

・汗を飛ばす
・においをとる
・しわを伸ばす
・除菌する

ブラシをかける

ウールの上着やスーツ、コートなどは、帰宅後にブラシをかける習慣をつけて。付着したホコリや花粉などの汚れを残さないことで繊維の劣化を防ぎます。

頻度

着るたびに

目的

・表面に付着したホコリや花粉などを払う
・繊維の流れを整える
・毛玉を予防する

ひんぱんに洗う必要のない衣類こそ、定期的なお手入れが大事！

ナチュラルクリーニング講師
本橋ひろえさん

衣類の長期保管でやってはいけないこと

衣替えした衣服や冠婚葬祭用の服など、年に数回しか着ないような衣服の保管で最もやってはいけないのが、洗わずに保管すること。また、衣類の大敵・湿気がこもるような保管方法も服の寿命を縮めます。

衣装ケースいっぱいにつめ込む	防虫剤を使わない	クリーニング後のポリ包装を外さない	洗濯やクリーニングをせずにしまう
衣装ケースに衣類を目一杯入れてしまうと、防虫剤の効果が半減したり、衣類同士のこすれによって生地が傷んだりすることがあります。空間にゆとりを持って収納しましょう。	外から飛んでくる衣類害虫の侵入を完全に防ぐことは難しいため、必ず防虫剤を使います。引き出し・衣装ケース用、クローゼット用など、収納場所に合わせて使い分けて。	クリーニング店から戻ってきた衣類にかぶせてあるポリ包装のカバーをそのままにして衣類を保管すると、湿気がたまり、カビの発生や虫食いのリスクを高めます。	衣服の汚れは目に見えにくいため、洗わずに保管する人も少なくありません。実際は汚れが残っていて、それが黄ばみや黒ずみ、虫食いなど生地を傷める原因に。

 毛玉は食器用スポンジで取る

最も手軽にお金をかけずに毛玉を取る方法が、食器用スポンジを使う方法です。スポンジのハード面を毛玉に当て、表面をそっとなでるように毛玉を絡め取ります。同じ部分を繰り返しすると、毛羽立ちの原因になるので注意して。まずは目立たないところで試しましょう。

自分の服の適正量を把握する

服の適正量は、洗濯や外出の頻度、仕事の有無などライフスタイルによっても変わります。収納スペースに応じて自分で管理しやすい枚数の服を持ち、家事の効率化やムダ買いの防止につなげましょう。

● 服の適正量をチェックするポイント

持ちすぎ
- ☐ しばらく着ていない服がある
- ☐ 服がクローゼットやタンスに入りきらなかったり、着たい服を探せなかったりする
- ☐ コーディネートがなかなか決まらない

少なすぎ
- ☐ 洗濯物がたまると着る服がなくなる
- ☐ 着用する頻度が高いため、消耗が激しい
- ☐ コーディネートがマンネリ化している

適正量の考え方

クローゼットやタンスに収納できる量にする

1シーズンで1週間分（4シーズン×7日間＝28）28コーデ分の量を持つ

1アイテムにつき、5点までと決めて持つ

> 下着や靴下など直接肌に触れるものは、1週間分のストックが欲しい

軽いうっかりミスなら元に戻る場合も

洗濯したら白いシャツがピンクに！セーターが縮んだ！下着が黄ばんだ！洗濯に関わるトラブルは、解決できる場合と廃棄するしかない場合があります。

黄ばみは、皮脂がたまり酸化したことが原因なので、洗い落とせます。綿や麻の衣類は大きな鍋があれば、酸素系の漂白剤と水、洗いたい衣類を鍋に入れて沸騰直前で火を止め、冷めるまでつけ置きすると、真っ白に戻ります。縮みは少しなら、スチームアイロンを当てて繊維がやわらかくなったところで、引っぱりながら形を整えていくと戻る場合も。時間がたった色移りは基本的に戻せません。インド綿など色落ちしやすい布地もあるので、購入時に洗い方を確認しましょう。

黄ばみやしみはナチュラル洗剤の力を借りる

夏服を出したら白い服が黄ばんでいた、食事中にうっかりしみをつけてしまった、ということはよくあるもの。そんなときに助けになるのがナチュラル洗剤です。

黄ばみを落とす

鍋に「水＋過炭酸ナトリウム小さじ1」で煮洗いする

ステンレスやホーローの鍋に水と過炭酸ナトリウム（酸素系漂白剤）を小さじ1入れ、加熱。沸騰直前で火を止めて冷まし、ぬるぬるした感触がなくなるまですすぐ。

しみ抜き

しみ抜きする前に、汚れの原因と洗濯表示をチェック！

水洗い不可の衣類は、クリーニング店へ。自宅で洗えても、アルカリに弱い繊維は、酸素系漂白剤の使用は慎重に。ナイロン、アクリル、絹（シルク）など熱に弱い繊維は、温度を上げるしみ抜きは厳禁！

水だけで落ちる汚れ

しょうゆ、ソース、ケチャップ、コーヒー、紅茶、ワイン、汗、血液など

汚れを水でしっかりと流します。しみが残っていたら、しみの部分に酸素系漂白剤をのせて衣類で包み込み、10分ほどつけ置きしたら、通常通り洗濯。

油の汚れ

食用油、油性ボールペン、油性ペン、油性ペンキ、クレヨン、口紅、ファンデーション、朱肉など

乾いた状態でリキッドタイプのクレンジング剤をもみ込み、汚れになじませたらぬるま湯ですすぐ。その後、固形石けんでもみ洗いに。10分ほどつけ置きして通常通り洗濯。

食べこぼしの汚れ

カレー、トマトソース、ミートソース、焼肉のタレ、ラーメン、マヨネーズなど

ぬるま湯で流して目立つ汚れを取り、固形石けんでもみ洗いに。しみに酸素系漂白剤をのせて衣類で包み込み、10分ほどつけ置きしたら、通常通り洗濯。

油のしみは水にぬれると落ちなくなるため、ぬれたおしぼりなどでゴシゴシするのはNG！しみはついてから24時間以内に落とすのが鉄則です

ナチュラルクリーニング講師
本橋ひろえさん

覚えておきたいピンチのときの対処法

色移りを筆頭に、気をつけていても、うっかりミスして汚すことはあるもの。軽めのミスであれば挽回できることもあるので、対処法をチェックしておきましょう。

においやしみがこびりついた

過炭酸ナトリウム(酸素系漂白剤)で"リセット洗濯"する

60℃のお湯6Lに酸素系漂白剤小さじ1を入れて15〜20分つけ置きにする。雑菌をやっつけ、においの元を断ち切ります。※洗濯表示に「40℃以下」とある場合はNG。

ウールのセーターが縮んでしまった

アイロンのスチームを当てる

アイロンを浮かせた状態で乾いたセーターにたっぷりのスチームを当てます。やけどに注意しながら少しずつ上下左右にセーターを引っぱって形を整えることを繰り返します。

白い服に色移りしてしまった

乾く前に濃いめの洗剤で洗ってから漂白

乾く前に規定量の2〜3倍の洗濯洗剤を溶かした50℃前後のお湯に入れ、30分〜1時間つけ置きに。色移りが取れたらしっかりとすすぎ、通常通り洗濯します。

セーターが伸びてしまった

伸びた部分を縫い縮めスチームアイロンをかける

伸びた部分を並縫いにします。縫い終わったら糸を引っ張り、伸びた部分をギュッとすぼませます。糸がついた状態でスチームを出したアイロンで10秒ほど押さえ、冷めたら糸を抜きます。

部屋干ししたらにおう

過炭酸ナトリウム(酸素系漂白剤)でつけ置き洗いに

部屋干しで乾きが遅くなると、菌が繁殖したり洗濯で落とし切れなかった汚れが酸化して、嫌なにおいに。酸素系漂白剤でつけ置きしてから通常通り洗濯しましょう。

干し忘れた洗濯物がにおう

沸騰したお湯の中に衣類を数分泳がせる

干し忘れた洗濯物の悪臭は、雑菌の繁殖が原因。沸騰したお湯の中に洗濯物を数分泳がせることで雑菌を退治できます。その後は洗濯機で脱水し、速やかに干しましょう。

手洗い可のマークでも縮みにご用心!

洗濯表示に「手洗い可」のマークがついていても、ウール、シルク、麻、カシミヤ、再生繊維のレーヨンやキュプラは縮んでしまう場合があります。自分で洗って失敗したくない場合は、プロにお願いするのも1つの手です。

ウール　シルク　麻　カシミヤ　レーヨン　キュプラ

大切な衣類はクリーニングへ

水洗い不可のもの、縮みや色移り、型くずれが心配な衣類はクリーニングに出します。また、購入時の状態をキープしながら長く着たい服もクリーニング向きです。

● クリーニングに出すべき衣類と頻度

衣類の種類	頻度
コート、ダウン	1シーズンに1回
ジャケット	2〜3カ月に1回(週2〜3日着用の場合)
スーツ	夏場は2週間に1回／冬場は1シーズンに1回
ワイシャツ	1回着るごと(週に1度まとめて出す)
ウールやカシミヤなどのセーター	1シーズンに1回

クリーニングは割引セールのときにまとめて出すとお得だね

シーツの洗濯は夏なら週1 それ以外は2週間に1回がベスト

人は寝ている間にコップ約1杯分の汗をかくといわれています。シーツは、夏なら週に1度、それ以外の季節は2週間に1度を目安に洗濯しましょう。寝具本体も同じ間隔で干します。外に干せない場合は、マットレスは壁に立てかける、掛け布団は布団干しにかけるなどして風に当てて汗を飛ばします。洗濯表示がついた寝具は、年に1度大物洗いモードで洗濯するかクリーニングに出します。クッションやマットレスも同様に。

カーテンは汚れを吸着するので、洗えるタイプを選び、年に1度を目安に洗濯します。洗濯機に大物洗いモードがあるなら、洗濯ネットに入れて洗います。ない場合は、コインランドリーかクリーニングを利用しましょう。

✦ 寝具と睡眠の関係

睡眠環境を整えることは快眠のための必須条件です。中でも布団やベッド、枕、掛け布団など、寝具が清潔で快適であるかどうかは、睡眠の質を大きく左右します。

● 睡眠の質を高める3要素

快適な就寝環境	深部体温	体内時計
空気の循環がよく、室温調整ができた寝室であること、体に合った寝具であることに加え、寝具の清潔さも重要です。ダニ、ホコリ、カビ、汗を含んだ布団は睡眠の質を低下させます。	人は、心臓や脳など体の深部の「深部体温」が低下すると、最も強く眠気が出ます。睡眠する1時間半前に入浴すると就寝のタイミングで深部体温が下がり、眠りにつきやすくなります。	体内時計が朝に目が覚めて夜に眠くなるというリズムを調整します。起床後はカーテンを開け、日光を浴びて体内時計のスイッチをオンにすることで、夜間の自然な眠気を誘います。

寝具は汚れている

一晩にコップ約1杯分の寝汗

ダニの排せつ物や死骸

皮脂、あか、フケなどが蓄積

汚れを放置すると、咳や喉の痛み、皮膚のかゆみなど、睡眠の妨げになる症状を引き起こします。

寝具の基本的なお手入れ

シーツは夏なら週に1回、冬は2週間に1回洗濯する

枕カバーは週に1回洗濯する

タオルケットは週に1回か2週間に1回洗濯する

布団は週に1回天日干しをするか、イスなどにかけて風を通す

✧ 洗濯できないマットレスのケア

ベッドのマットレスは布団に比べて通気性がよい材質・構造のものが多いですが、お手入れをしなくていいということではありません。毎日の換気と定期的なお手入れで、持ちは格段によくなります。

● 定期的なお手入れ方法

毎日	1〜2週間に1回	2〜3週間に1回	半年に1回
起床後に掛け布団をめくり、湿気を逃がす	**シーツや敷きパッドを洗濯する**	**壁に立てかけて裏側の湿気を取る**	**マットの表面に掃除機をかける**
起床後は寝室の窓を開けて空気を入れ替えます。また、掛け布団をめくり、湿気を逃がします。	シーツや敷きパッドなど、外せるものはすべて洗濯します。夏は1週間に1回、冬場は2週間に1回は洗いましょう。	マットレスには湿気がたまりやすいため、2〜3週間に1回は風が当たる窓際の壁に立てかけて表裏を乾燥させます。	表裏まんべんなく、掃除機をかけてホコリやゴミを吸い取ります。角や縁の部分は汚れがたまりやすいので入念に！

💡 カビが発生しやすくなる寝具のNG行為

布団を敷きっぱなしにする
畳やフローリングの上に布団を敷きっぱなしにする「万年床」は、湿気の逃げ道がなくなり、ダニやカビを発生させる原因に。いずれもアレルギー症状の引き金になるので、布団は毎日必ず上げ下げを！

マットレスの上に敷布団を敷く
マットレスの上に敷布団を敷くと、マットレスが本来持つ機能を発揮できないため、寝心地に影響が出る場合があります。また、湿気がたまりやすいため、ダニが発生しやすくなります。

✧ カーテン、クッション、ラグのケア

洋服や寝具以外の布物もまた、定期的なケアが欠かせません。ファブリックは面積が大きい分、お手入れを怠るとアレルギー症状など、健康被害を引き起こす場合もあるため注意が必要です。

カーテン	クッション	ラグ
日常のお手入れ	**日常のお手入れ**	**日常のお手入れ**
はじめにハンディモップなどを使ってカーテンレールの汚れを取った後、掃除機のブラシで表面についたホコリを吸い取ります。	クッションの両面を力強く押して、フェザーをほぐすように全体をもみます。サイドを押しながら空気を入れ、形を整えます。	週に1、2回掃除機かけをします。毛並みと逆方向にかけると、根元の細かな髪の毛やホコリなどが吸い出しやすくなります。
洗濯方法	**洗濯方法**	**洗濯方法**
洗濯表示を確認し、家で洗えるものはネットに入れて洗います。脱水後、フックをつけてそのままカーテンレールに吊せばOK！	洗えるカバーと中身は洗濯。洗濯不可の場合は、中性洗剤を水で薄めた布で全体をたたくように拭き取り、風通しのよい場所で乾かします。	かたく絞ったぞうきんで、根元から毛を起こすように水拭きしていきます。水拭きの後は、乾拭きをしてしっかり乾燥させましょう。

> ファブリックは丸洗いOKのものを選ぶとお手入れがラク！

ほんのひと手間で長く使う

革靴、バッグは使用前に防水スプレーをかける

バッグ類や革製品は、使用前に防水スプレーをかけておくと汚れをある程度予防できます。革のコートは、ときどき専用クリーナーで乾拭きし、シーズンの終わりにクリーニングに出しましょう。布のバッグや布・ニットの帽子は洗えますが、洗濯表示に従うことが大切です。

水洗いができるキャンバス地のスニーカーは、泥を落としたのち、洗濯液に1時間つけてから手洗いします。

革靴は、使用前に防水スプレーをかけ、シーズンごとにクリームを塗って、ブラッシングしてから防水スプレーをかけて収納します。スエードの靴は、クリームを使う代わりに専用スプレーをかける以外は、革靴と同じです。

洗濯表示がない小物類は、洗えません。

✧ キャンバス地のスニーカーの洗い方

安価で洋服とコーディネートしやすいキャンバス地のスニーカーを愛用している人は少なくないのでは？　ここでは自宅で簡単に洗う方法を紹介します。

① 泥や汚れを落とす

目立つ汚れを古い歯ブラシなどでかき出します。ゴムの汚れは、中性洗剤を染み込ませたメラミンスポンジでこすります。靴ひもは外し、酸素系漂白剤を入れたぬるま湯につけ置きを。

② 洗濯液に1時間つけ置きして洗う

ぬるま湯に粉石けんや液体石けんなど弱アルカリ性の洗剤を溶かし、30分ほどつけ置きに。その後、石けんが泡立つようにブラシでこすりながら全体を洗います。このとき、靴ひもも一緒に洗います。

③ すすぎ後、洗濯機で脱水したら陰干しに

ぬるま湯ですすいだら、スニーカーをタオルにくるみ、ネットに入れて洗濯機で脱水します。形を整えたら、直射日光を避け、風通しのよいところに立てかけて干します。

● スニーカーをきれいに保つポイント

• スニーカーを洗ってよく乾かした後、防水スプレーをかける
• 変色や劣化を防ぐためにも靴箱を除湿する

> 忙しいときは靴ひもとラバーのつま先＆サイドをきれいにするだけでも見た目はよくなるよ

Q & A

レザースニーカー（人工皮革・合成皮革）は丸洗いできる？
基本的には丸洗いできません。ぬるま湯でぬらし、かたく絞った布で軽く表面を拭いて汚れを落とし、風通しのよい場所で陰干しにします。

✦ 革製品の基本のお手入れ3 STEP

靴、カバン、財布、キーケースなどの革製品は、しっかりメンテナンスすれば一生ものです。お手入れは意外と簡単。ブラシと専用クリーム、革製品ケア専用のクロス、革製品用の防水スプレーを用意しましょう。

STEP 1 皮革用ブラシで汚れを落とす

ブラッシングは革製品のお手入れの基本。まずはブラシで表面についた汚れを落とします。表面を清潔にすることで、クリームの浸透率が向上します。

STEP 2 皮革用クリームを塗って磨く

クリームを革製品ケア専用のクロスにつけ、少しずつ塗っていきます。塗りすぎると、素材によっては革がかたくなってしまうので注意しましょう。

STEP 3 皮革用ブラシをかけたら防水スプレーで仕上げる

クリームをなじませたら、全体をブラッシングしてつやを出します。仕上げに防水スプレーをかければ、水分の浸透だけでなく、汚れの付着も防げます。

こんなとき、どうする?

雨や水で革財布がぬれてしまった!

乾いた布で表面の水分をやさしく押さえるように拭いていきます。その後、風通しのよい日陰で自然乾燥に。

革靴にカビが生えてしまった!

表面、靴の中など全体を水拭きしてカビを落とします。除菌スプレーをかけた布で全体を拭き、乾燥させたらクリームをつけてブラッシングします。

革のバッグが型くずれしてくたくたに!

変形が気になるところを手で引っ張って元の形に戻していきます。新聞紙などでつめ物をしたら風通しのよい場所に1〜2日おき、修復した形を定着させます。

> 湿気は革の天敵!
> バッグはやわらかいタオルや
> 新聞紙を入れて保管しよう

✦ アクセサリーや時計もケアする

アクセサリーや時計など、おしゃれ小物も大切に扱いたいものです。肌に直接触れるものだけに、皮脂や汗などの汚れが意外とつきやすいもの。使ったらその日のうちにケアすることが欠かせません。

日常のケア

やわらかいクロスで汚れを拭き取る	細かい汚れは綿棒を使う	保管	アクセサリー	時計
アクセサリーも時計も、外したらやわらかいクロスでやさしく拭き取る。革の時計はベルトの裏をぬらしてかたく絞ったクロスで拭き取って。	時計のベルトの縁や溝など、細かい部分は綿棒を使うときれいに取れる。毎日でなくても、1カ月に1回は行う。		空気に触れないように、小分けの袋に入れるのがおすすめ。小分けにすることで、チェーンの絡まりも防げる。	テレビやオーディオ機器、パソコンなど電子機器の近くを避け、収納ケースに入れて保管。落下の恐れがある場所も避けて。

素材別・アクセサリーのケア

どの素材のアクセサリーも、外したらやわらかい布で拭くのが基本です。

シルバー
汚れがひどいときは中性洗剤を入れたぬるま湯で洗い、よく乾かす。

ゴールド
酸に強く錆びにくいため、布で軽く拭けば、黒ずみや変色を防げる。

プラチナ
汚れがひどいときは、毛先のやわらかいブラシで軽くこする。

真ちゅう
黒ずんだら食用酢に3分ほど浸し、水ですすぎ、やわらかい布で水分を拭き取る。

わたしの家事スケジュール

平日

8:00	起床	朝食は食べません。睡眠を最優先!
8:15	身支度	
9:00	出勤	
10:00	始業	
13:00	昼食(朝昼兼用で外食)	
21:00	会社近くで同僚と夕食	早く帰宅した日はフードデリバリーを利用することも
24:00	帰宅	
24:30	入浴	
25:30	就寝	

休日

11:00	起床	
11:30	洗濯、掃除	
14:00	朝食兼昼食(近くのパン屋さんで購入)	
17:00	夕食の買い出し、料理	余らせないように作るのが難しい!
19:00	夕食、テレビ	
21:00	入浴	
22:00	フリータイム	
24:30	就寝	

平日はほとんど外食だから、休日の夕飯は自炊しているんだね

家事の工夫

正直、工夫と言えるようなことはありません。家事そのものにまだ慣れていないからです。料理は簡単なものしか作りませんが、TikTokにわかりやすい動画がたくさん上がっているので、それを見ながら作ることはあります。

離婚して
初めてのひとり暮らし
ペースがつかめず奮闘中

T.Hさん
(32歳・会社員・東京都在住)
ひとり暮らし歴6カ月

結婚するまで実家暮らしだったので、離婚して人生初のひとり暮らしをしています。ふたり暮らしのときは家事が得意な元夫に料理も掃除も洗濯も任せていたので、少し大変。家事は休日にまとめてやります。週1回の自炊では、カレーやシチューなどを作ることが多いです。

好きな家事トップ3

1位 部屋の片付け
ものが少なく、それほど汚れないから。

2位 掃除機かけ
最新の掃除機を買ったので快適です。

3位 洗濯
きれいに干せると気持ちがいいから。

苦手な家事トップ3

1位 浴室の掃除
掃除するタイミングがよくわかりません。

2位 料理
手際よくできないから。

3位 拭き掃除
汚れたぞうきんを洗うのが嫌いです。

料理の基本

Chapter 5

ひとり暮らしの生活を支える自炊力は、
一生もののスキルです。
食材を余すことなく、バランスよく、
そしておいしく食べる方法を習得しましょう。

レシピ考案・監修／加賀美明子（管理栄養士）

外食じゃダメですか？
なぜ自炊をするのか

外注中心の食生活に潜むリスクとは

外食やテイクアウトの総菜、加工食品。食事を外注する方法はたくさんあります。

ひとり暮らしでは必ずしも外注が割高とは言えませんが、栄養のバランスは偏りがち。野菜が少なく、塩分や油脂が多めの食品・料理が多いからです。外注中心の食生活は、気づかない間に肥満や生活習慣病になるリスクが高くなり、病気と一生の付き合いになってしまうこともあります。可能な限り、自炊中心にしたほうが健康にいいのです。

一方で、料理を覚えれば、好みに合わせてアレンジするなど、自由な食事を楽しむことができます。たくさん作って食べたいとき、ひとりの食事が苦しくなったときは、友達や恋人と一緒に料理するのも楽しいのではないでしょうか？

外食・中食・内食とは

飲食店で食事をする「外食」、素材から手作りする「内食」。そして近年は、単身世帯の増加などに伴い、外で買ったものを家で食べる「中食」の割合が増えています。

外注

外食
飲食店で食事をすること
レストラン、ファストフード、
ファミレス、居酒屋、
カフェ、食堂、その他
外食チェーンなど

中食
外て買ったものを持ち帰り、
家で食べる
スーパー・コンビニ・弁当チェーン
などの弁当や総菜などのテイクアウト、
宅配ピザ・中華・寿司などの
デリバリー、自宅や指定の
場所で調理してもらう
ケータリング

内食
食材を購入し、家で
素材から調理したものを
食べる ＝ 自炊

外食のメリット・デメリット

つい頼りたくなる「外食」ですが、中食や内食と組み合わせるのもポイント。ライフスタイルなどに合わせて「ウィークデーの夜は外食か中食」「誰かと一緒のときだけ外食OK」など自分なりのルールを作りましょう。

○ メリット	✕ デメリット
• 食のよろこびや楽しみを感じることができる • 仲間と一緒に気軽に食事を楽しめる • 準備や片付けの時間を短縮できる • 自分で作ることが難しいメニューも食べられる	• 家で食べるよりも費用が割高になることがある • 塩分の摂りすぎやカロリー過多、栄養バランスが偏る場合がある • 使われている食材や調味料がわからないことが多い

外食はラクで楽しい！でも、外食ばかりだと食費がかさみそう

栄養と費用のコントロールには自炊が一番

「自炊は面倒」と思うかもしれませんが、回数を重ね、慣れれば意外とラクにできるようになるもの。自分で材料を買って調理する自炊は、材料費や栄養、食事量などをコントロールでき、一生ものの技術を習得できます。

● 自炊する理由

食費が浮くから
ファミレスで定食メニューを注文すると1,000円前後するが、自炊なら300円前後ですむ。
（20代 女性）

健康でいたいから
外食はどうしても塩分の摂りすぎ、野菜不足に。自炊なら健康管理ができる。
（40代 女性）

料理が好きだから
ネット検索で新しいレシピを見つけて料理するのが楽しい。簡単でおいしく作れるものが多く、料理が好きになった。
（30代 男性）

● 自炊してよかったこと

料理の腕が上がった
回数を重ねるごとに味付けが安定した。レパートリーも増えて、レシピを見なくても、おいしく作れるようになった。
（20代 男性）

感謝の気持ちが生まれた
食材を買って調理して片付けて…けっこう大変。ずっとしてくれていた親や給食調理師さんに感謝。
（20代 男性）

ひとり暮らしのスキルが上がった
献立を考えたり食材をムダにしないよう工夫したり、食費もコントロールしなければいけないが、ひとりで生きる力がついた。
（30代 女性）

外注もうまく使うのが自炊を続けるコツ

自炊がベストだからと、がんばりすぎて早々に挫折しては意味がありません。作る気力がない日は、外注も助っ人にしましょう。カット野菜や冷凍食材は、下処理の手間が省けます。○○の素とご飯でどんぶりにするなどレトルト食品を活用する、それも面倒なときは、外食やテイクアウトに頼ります。毎日ちゃんと食べることが大切で、それは作ることに優先します。自炊を習慣にするため、食材は割高でも最小単位を選び、使い切りやすくします。2、3回分をまとめて作れ、野菜もたっぷり摂れるスープはおすすめです。栄養のバランスは、毎日完璧をめざすのではなく、数日単位で考えます。バランスを考えて献立を立てる習慣がつけば、一生自分を助ける糧になります。

✧ 自炊力ってどんなスキル?

自炊力とは「料理の能力」のみならず、調理の応用力があり、賢い買い物ができて栄養バランスも考えられるという自炊の総合力のこと。まさに「生きる力」でもあります。

| 買い物に行き、その場で献立を考えられる | 食材の質と値段のバランスを考えつつ、買い物ができる | 買った食材と家にある食材を取り混ぜて、数日分の献立を作り回していける |

生きていくうえで、土台となるスキル

出典:「自炊力　料理以前の食生活改善スキル」(白央篤司・光文社)

フードライターの白央篤司さんによると、経済的かつ健康的に食べるスキル＝自炊力だそう

自炊力を身につけることは、豊かな人生を送るための第一歩なんだね

自炊と外注を賢く組み合わせる

自炊が理想といっても、最初からフルスロットルにする必要はありません。少しでも長続きさせて本当の自炊力をつけるには、外食や中食と上手に組み合わせるのが賢い選択。パターン別の組み合わせを考えてみましょう。

● 組み合わせのパターン

パターン1

食事ごとに分ける
朝──自炊
昼──外食
夕──自炊とテイクアウト

朝・昼・夕の食事ごとに分けるパターン。朝を自炊に決めて夜は流動的にしておけば、仕事や付き合いで予定が狂ってもリズムをとりやすいでしょう。

パターン2

曜日で分ける
月〜金──外食やテイクアウト
土日──自炊

ウィークデーは外注し、週末は自炊にするなど曜日で決めるパターン。週末の自炊なら時間があるので料理自体を楽しむことができ、技術力もアップします。

パターン3

状況に応じて分ける
• 早く帰れた日は買い物して自炊する
• 忙しい週末はご飯だけ炊いて、総菜を買ったり、レトルト食品に頼る
• バイトの日は夜がまかないなので、朝食は自炊にする

自炊や外食のパターンをあえて決めず、状況によって変化させる方法。毎日の行動パターンが異なる人向けですが、自炊日が少なくなりやすいので注意が必要。

自炊を習慣にする方法

自炊を習慣化するには無理をしないところから始め、同時に覚悟を決めて小さなステップから実行していくことも大切。「気分が上がるスーパー」や「お気に入りのレシピサイト」も、継続するうえで大切な要素です。

夜は簡単な
副菜メニューを1品だけ

つくりおきをする

お気に入りの
レシピサイトを見つける

食品表示をチェックする習慣をつけよう

加工食品についている食品表示には食品を選ぶために必要な情報が詰まっています。食品を構成している原材料・食品添加物・アレルゲン・賞味期限・栄養成分が一括表示で書かれており、原材料は使用量の多い順に表示するというルールも。「賞味期限」はおいしく食べられる期限なので過ぎても食べられますが、「消費期限」は安全に食べられる期限なので、オーバーしたものは食べるのを控えたほうが安心です。

〈食品表示の例〉

名称	乳化液状ドレッシング
原材料名	なたね油（国内製造）、玉ねぎ、りんご酢、砂糖、醤油、すり胡麻、マヨネーズ、くるみ、ごま油、鰹だし、白胡麻（一部に小麦粉、卵を含む）
内容量	200ml
賞味期限	202×年×月×日
保存方法	直射日光を避けて保存してください。
製造者	株式会社○○フーズ 東京都○○区○○△−△−□

持っておきたいのは鍋代わりになる深めのフライパン

ひとり暮らしの食卓で外せない道具の代表は、鍋の代用もできる深めのフライパンとフライ返し、お玉、トング、包丁とまな板、キッチンバサミ。耐熱容器のボウルは、電子レンジでも使えます。

調理家電は、電子レンジをおすすめします。料理を再加熱できるほか、1人分なら電子レンジで調理できる料理がたくさんあるからです。残った食材や料理を保存するラップやポリ袋も便利。ご飯茶碗や皿、汁椀、箸などの食器、ふきん類もそろえましょう。紙皿は洗わなくて済みますが、長期的にはコスト高。ゴミを増やす意味でも望ましくありません。また、食器を使うことで、ちゃんとした食事と思える人もいるでしょう。ひとりだからこそ、生活を整えることは大事です。

✨ 基本の調理道具

基本の道具はそれほど多くありません。まずはさまざまな調理に応用できる汎用性の高い道具からそろえて、少しずつ必要なものを増やしていくと適量がわかります。

[フライ返し・お玉]
スーパーや100円ショップで手軽に買えます。耐久性に優れたステンレス製がおすすめ。

[深型フライパン]
8cm以上の深さがあれば、焼く調理のほか、「蒸す・煮る・揚げる」など何役も使えるうえ、フタを使えばご飯を炊くことも可能。耐久性に優れたステンレスや鉄のフライパンは、長く使い続けることができます。

> 直径
> 24〜26cm
> フタ付きが
> GOOD!

[耐熱ボウル]
電子レンジでも調理でき、におい移りのない耐熱ガラスのボウルが便利。材料を混ぜる・こねる・洗うなど使い道が多いので、最初は20〜24cmの中サイズと25〜30cmの大サイズをそろえましょう。

[包丁]
まずはオールマイティに使える三徳包丁が1本あればOK。手入れが簡単なステンレス製がおすすめです。

[トング]
菜箸やフライ返しの代わりに、「裏返す・つまむ・盛り付ける」など何でもこなせる全長24cm程度を目安に。食べ物をつまむ部分はシリコン製がおすすめ。

[キッチンバサミ]
まな板と包丁を使わずに、野菜や肉も切れて便利。全長20cm以上でハンドル部分が樹脂のしっかりしたものが使いやすいです。

[まな板]
横30cm、縦20cm、厚さ1.5cmを目安に、キッチンに立てかけておけるサイズのものを。

ひとり暮らしのマストアイテム・電子レンジ

温めるだけなら「単機能電子レンジ」でも十分ですが、「オーブンレンジ」なら幅広い調理が楽しめます。最近は電子レンジ専用の調理道具も種類が豊富なので、レパートリーも増やしやすいです。

● ひとり暮らしの電子レンジの種類と選び方

容量は
20L程度

食品を
温めるだけなら
単機能電子レンジ
でOK

掃除しやすい
庫内がフラットな
ものが便利

フル活用
したいなら
自動メニュー機能
付きのものを

● 電子レンジ調理の おすすめグッズ

スパゲッティ調理器
容器にスパゲッティと水、塩を入れて袋の表示時間プラス5分ほど加熱するだけでスパゲッティがゆで上がります。

ラーメン調理器
インスタントラーメンを電子レンジで作る調理器。お湯を沸かす時間や洗い物も不要。

ほかにも！あると便利な調理家電

炊飯器

1人用なら、IH方式か圧力IH方式の3合炊きがベスト。早炊き機能や煮込み料理機能もあると心強いです。

電気ケトル

ガスより早くお湯が沸き安全な電気ケトル。1人用なら1L程度の容量で十分です。すぐに沸くので保温機能はなくてもOKです。

計量カップ&スプーン

200mLの計量カップと、大さじ（15mL）と小さじ（5mL）の計量スプーンはレシピを見ながら料理をする際に使うと、失敗予防にもなります。

そろえておきたい食器類

食器類も調理器具同様、はじめは兼用できるものを選び、少しずつバリエーションを増やすのがおすすめ。耐熱性の食器なら電子レンジでの加熱はもちろん、調理もできるのでひとり暮らしには使い勝手がよいでしょう。

- ご飯茶碗・汁椀
- 箸・カトラリー
- 皿（大・小）
- どんぶり碗
- グラス・マグカップ

保存グッズは冷凍と電子レンジ対応のものを選んで

つくりおきしたおかずを冷蔵庫に保存する、まとめ炊きしたご飯を冷凍するなど、ひとり暮らしには欠かせない「保存容器」や「ジップ付き保存袋」。冷凍しておいた食品を、そのまま電子レンジで解凍したり温めたりできるよう、冷凍と電子レンジの両方に対応しているものを選びましょう。

すぐ手が届くところに
道具や調味料があるキッチンに

ひとり暮らし用のキッチンには、十分な調理空間が用意されていない部屋がほとんど。シンクとコンロ置き場しかなく、調理台がほぼないキッチンは多いので、まな板をシンクに渡しかけて使うか、食材をキッチンバサミでボウルや皿に切って入れるなど、シンクの中も調理台の延長で使いましょう。IHコンロも使っていないときは調理台になります。

調理中は待ったなしの作業が多いので、使う予定の調味料や鍋類、包丁はすぐ手が届くところに用意しておきましょう。コンロの周りが狭くても、油が飛び散ったら避けられる空間を残しておいてください。可能であれば、作業順に従った動線を確保します。冷蔵庫置き場と皿を並べる場所は食卓の近くがおすすめ。

✨ 使いやすいキッチン動線とは

キッチンにあるシンク・コンロ・冷蔵庫を結ぶ三角形「ワークトライアングル」。この三角形の作業動線が、キッチンの使いやすさのバロメーターになります。

● I型ミニキッチンの「ワークトライアングル」

冷蔵庫　シンク　コンロ

〔理想のキッチン〕

シンク

120cm〜180cm　120cm〜210cm

3辺の合計が3m60cm〜約6m

120cm〜270cm

コンロ　冷蔵庫

シンク・コンロ・冷蔵庫を結ぶワークトライアングルが、正三角形に近いほど使いやすいといわれています。I型のミニキッチンでは3アイテムが横並びなので、収納を工夫して動きやすくするとよいでしょう。

単身向けの住宅では120cmの距離が取れない場合が多いのでは

だからこそ、小回りが利くレイアウトの工夫が大切なんだね

✨ ミニキッチンの収納&レイアウトアイデア

普段使いのものを一番手が届きやすい場所に置くなど、備え付けの収納を最大限に利用するのがミニキッチンを使いやすくするコツ。新たな収納を購入する前に、まずは今ある収納の活用方法を見直しましょう。

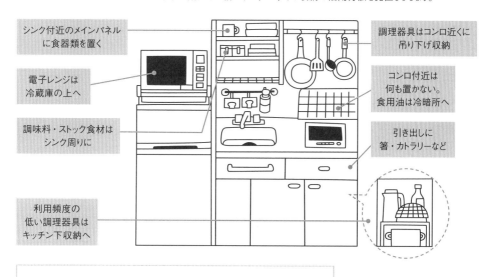

シンク付近のメインパネルに食器類を置く

電子レンジは冷蔵庫の上へ

調味料・ストック食材はシンク周りに

利用頻度の低い調理器具はキッチン下収納へ

調理器具はコンロ近くに吊り下げ収納

コンロ付近は何も置かない。食用油は冷暗所へ

引き出しに箸・カトラリーなど

- 一緒に使うものとセットで使う場所に置く
- よく使うものは腰〜目線の位置の高さに収納する
- 小回りが利いて使いやすくするために新たな家具は買い足さない

✨ 「狭い」「収納が少ない」キッチンのストレスを取り除く

自炊をしようとがんばればがんばるほど、ひとり暮らし用の小さなキッチンには不満がたまってしまいます。「狭い」「収納が少ない」という基本的な悩みを軽減するアイデアを紹介します。

吊り下げ収納にする

壁に吊り下げる収納は場所を取らず、取り出しやすい優れもの。マグネットや吸盤フックなど種類も多数あります。

使わないときはコンパクトになる道具を選ぶ

折りたたみ式ワゴンなど、使用後は小さくなる道具は収納場所も小さくて済みます。キャンプ用品を活用しても。

冷蔵庫横にマグネット式のラックを設置する

マグネットをフル活用すれば、ラックやフックで収納スペースが増やせます。磁力強めのマグネットなら安心。

コンロカバーを使ってコンロ上を作業スペースにする

コンロの上にカバーを置けば作業スペースに変身。普段から置いておけば、汚れやホコリ防止にも役立ちます。

三角コーナーと水切りカゴは使わない

生ゴミはポリ袋にまとめて燃えるゴミへ。洗ったお皿はふきんにのせておけば十分。余計なものは持たない主義で。

キッチンツールはまとめて立てておく

菜箸やお玉は、まとめてマグカップなどに立てれば省スペースに。狭いキッチンでは縦方向の収納がカギ。

5

味付けの基本

調味料には入れるタイミングがある

料理のおいしさを左右する「さしすせそ」

料理の味付けの基本は調味料を「さしすせそ」の順に入れること。「さ」は砂糖（酒）、「し」は塩、「す」は酢、「せ」はしょうゆ（昔は「せうゆ」と書いた）、「そ」はみそです。しょうゆやみそは焦げつきやすくなるので、火を止める直前に入れます。濃くなりすぎた味を調整するのは難しいので、塩は控えめに入れ、足りなければ最後に追加しましょう。

サラダ油、こしょうがあれば炒め物や洋食などバリエーションが増えます。合わせ調味料のポン酢、めんつゆなどは、それ1つで味が決まるので便利です。

割高でも上質な調味料を選べば、料理の腕もワンランク上に感じられます。調味料もできるだけ少量を買い、賞味期限内に使い切ることをめざしましょう。

調味料を入れる順番と役割

味付けの順番「さしすせそ」。砂糖は分子が大きいため、塩より先に入れないとしみ込みにくい、しょうゆやみそは焦げつきやすいなど理にかなった考え方なのです。

入れる順番

さ	し	す	せ	そ
砂糖	塩	酢	しょうゆ	みそ
味がしみ込むのに時間がかかるので、最初に加える	塩を先に加えると砂糖がしみ込みにくくなるので砂糖の次に	食材に味が浸透しにくくなるので塩よりも後に加える	風味を生かすために料理の仕上げに使う	煮立てると香りが飛んで風味が損なわれるため仕上げに加える
[役割] ・甘みをつける ・料理のツヤや照りを出したりコクが増す ・食材をやわらかくし、料理がふっくら仕上がる ・食材の臭みを消す	[役割] ・塩味をつける ・料理の味をひきしめる ・甘みを引き立て、酸味をやわらげる ・食材をやわらかくする ・殺菌、防腐 ・食材の臭みを消す	[役割] ・酸味をつける ・料理に風味をつける ・料理の塩味をやわらげる ・食材の変色を防止する	[役割] ・塩味や甘みをつける ・旨味を出す ・味に深みを与える ・食材の臭みを抑える ・食材の保存性を高める	[役割] ・塩味をつける ・旨味と香りをつける ・味にコクを出したり、まろやかにしたりする ・食材の保存性を高める

114

かけるだけ・混ぜるだけで味が決まる便利な調味料がある

ポン酢やめんつゆなどの市販の調味料は、さっとかけたり混ぜたりするだけで味が簡単に調う自炊の強い味方。
最近は化学調味料不使用・無添加など一味ちがう、つゆやタレもあるので、選ぶ楽しみもあります。

ポン酢しょうゆ

柑橘果汁にしょうゆやだしなどの旨味成分を加えたもの。さっぱりした仕上がりが特徴で炒め物にも使えます。

［調理例］
- ポン酢大さじ1、マヨネーズ大さじ2を混ぜて、どんなサラダにも合うぽんマヨドレッシング

めんつゆ

かつおだしの風味で、しょうゆをまろやかにしたような味わいが特徴。炊き込みご飯や煮物にも利用可。

［調理例］
- 卵1個に対しめんつゆ（2倍濃縮）小さじ1、砂糖小さじ1で、簡単だし巻き卵

焼肉のタレ

しょうゆやにんにく、しょうが、りんご、玉ねぎなど多くの野菜や香辛料が入っており、活用用途もいろいろ。

［調理例］
- 焼肉のタレとお好みの肉、野菜で簡単炒め物
- 焼肉のタレと豚ひき肉、みそ、ごま油で肉みそ

ハーブソルト

数種類のハーブと塩が混ざった調味料。ふりかけるだけで風味がよくなり、肉や魚の下味をつけるのにも便利。

［調理例］
- きのことベーコンのハーブソルト炒め
- チキンソテーやカルパッチョの味付けに

いつものメニューの味変に！ おすすめ調味料

七味唐辛子

うどんやそば、豚汁などに入れるのが定番。しょうゆやだしと好相性で、料理の味を引き締め、ピリ辛が食欲を誘います。

柚子こしょう

鍋はもちろん、汁物の味変にも便利。時間のたったみそ汁に柚子こしょうを入れると、みその甘さと旨みが引き立ち、味が復活します。

ガラムマサラ

コリアンダーやカルダモンなどのスパイスが複数混ざったミックススパイスの代表格。カレーはもちろん肉の下味つけや炒め物にも。

調味料を使い切るための工夫

便利で手軽な調味料は、ついスーパーでも手が伸びてしまいがち。ちょっぴり工夫すれば、使い切れないまま冷蔵庫で眠らせた後に廃棄……ということも避けられます。

調味料を増やさない	ミニボトルで買う	マリネ液やピクルス液に使う	目につく場所に置く
使用頻度の低いものは買わない、ほかのもので代用するなど増やさない工夫をするのがおすすめ。	小さいサイズや小分けタイプのもの、ミニボトルなどで買えば使い切れます。	酢とサラダ油を大さじ2ずつ混ぜ、砂糖（小さじ1）と塩（小さじ½）を入れればマリネ液になります。	手に取りやすい場所に置いたり、透明のケースに入れたりするなど見える化すると使い忘れ防止に。

調味料使い切り
レシピを検索して作ってみよう

常温保存では湿気と直射日光を避ける

根菜類は冷暗所
地上で育つ野菜は冷蔵庫へ

キッチンに多い湿気は、保存の大敵。残った食材・調味料は、必ずラップやポリ袋などで密閉して保存しましょう。

基本的に根菜類は直射日光が当たらない冷暗所に、地上で育つものは冷蔵庫内に入れます。葉野菜は、根元または全体を湿らせたキッチンペーパーなどで包み、ポリ袋に入れて立てて冷蔵庫に入れると、比較的長持ちします。

カボチャやゴーヤーは、残ったらワタを取ってラップに包み、冷蔵庫に入れて。玉ねぎは皮付きのままカットし、残りはラップに包んで冷蔵庫に入れましょう。

調味料は、直射日光を避けて保存します。開封した塩や砂糖の袋は口を輪ゴムやクリップで止め、ポリ袋に包んで湿気が入らないようにしておきましょう。

✦ 食品保存方法は3種類

食品を保存するには「常温・冷凍・冷蔵」の3種類の方法があります。それぞれの特徴を知り、賢く使えば節約や時間短縮、食品ロスの解消にもなります。

常温保存

常温保存は、「冷蔵や冷凍は不要で、外気温を超えない室温で保存する」という意味。直射日光が当たる場所や高温多湿な場所は避け、風通しのよい所で保存します。

冷凍保存

マイナス18℃以下で保存する方法で、微生物の繁殖を抑えられ長期保存が可能になります。食品に合った方法を選べば風味や食感を損ないません。

冷蔵保存

食品の微生物の繁殖が抑えられる10℃以下で保存する方法。冷蔵室は0～5℃程度で、野菜室もほぼ同じですが、湿度が高く野菜の乾燥を防げるようになっています。

● 食品を保存するときの注意点

・冷蔵・冷凍が必要な食品は常温に放置せず、帰宅後すぐに冷蔵室や冷凍室に入れる
・効率よく冷やすために冷蔵室の収納量は全体の7割程度にする
・肉や魚は解凍時に出る赤い汁・ドリップが他の食品につかないようにポリ袋や容器に入れて保存する

💡 調理済みの食品の保存方法は？

調理後は粗熱を取って器に入れてスキマなくラップをかけるか、保存容器に入れます。このとき水気が菌の繁殖の元になるので、容器や菜箸などの水気を取っておくのがポイント。素早く冷蔵室か冷凍室に入れ、冷蔵保存なら2～3日で、冷凍保存でも3カ月以内に食べ切るように心がけて。

食品の衛生管理については、122ページもチェック！

野菜を長持ちさせる保存方法

野菜の保存方法は、根菜か葉野菜か、また原産地などによっても異なります。それぞれの野菜の特徴を理解して保存するなど、少しでも長持ちさせる工夫をしましょう。野菜室がない場合は冷蔵室の下段に保存します。

冷蔵庫で保存

にんじん	表面の水気を取ってからキッチンペーパーで1本ずつ包み、ポリ袋に入れる　★保存期間：野菜室で2〜3週間
きゅうり	キッチンペーパーで1本ずつ包み、ポリ袋に入れて立てて保存　★保存期間：野菜室で10〜14日
ミニトマト	ヘタを取り除いて水洗いし、水気を拭き取ったらキッチンペーパーを敷いたフタ付き保存容器に重ならないよう並べて保存　★保存期間：野菜室・冷蔵室で7日
キャベツ（カット売り）	切り口をキッチンペーパーで覆い、ポリ袋に入れて保存　★保存期間：野菜室・冷蔵室で7日
白菜（カット売り）	切り口をキッチンペーパーで覆い、ラップで包んだら切り口を下にして保存　★保存期間：野菜室・冷蔵室で7日
レタス	「成長点」という細胞のあるレタスの芯の部分に爪楊枝を2〜3本刺し、キッチンペーパーで全体を包んだらポリ袋に入れて芯を下にして保存　★保存期間：野菜室で2〜3週間
ほうれん草	全体をキッチンペーパーで包み、ポリ袋に入れて立てて保存　★保存期間：冷蔵室で7日
ブロッコリー	根元を1cmほど切り落とし、水を2cmほど入れたコップなどに立てて保存　★保存期間：冷蔵室で10〜14日
ベビーリーフ	ためた水でやさしく洗った後、3分ほど水につけ、よく水気を取ったらキッチンペーパーで包み、フタ付き保存容器で保存　★保存期間：冷蔵室で約1週間

常温（冷暗所10〜15℃）で保存

玉ねぎ	1、2個ずつ新聞紙で包んでカゴなどに入れ、風通しのよい場所で保存　★保存期間：約2カ月
じゃがいも	まとめて新聞紙に包んで風通しのよい場所で保存　★保存期間：約2カ月
ごぼう（どろ付き）	新聞紙に包んで冷暗所で保存　★保存期間：約2週間
にんにく	買ったときのネットに入れて皮付きの状態で風通しがよく、日が当たらない場所で保存　★保存期間：約2週間

すのこ付き保存容器でまとめて保存する

使いかけの野菜はサイズが小さくて冷蔵庫内で埋もれがちなため、気づいたら干からびていた……なんてことも。余分な水分を切り、乾燥を防ぐ「すのこ付き保存容器」に集めておけば、忘れることもなく使い切れます。

ジップ付き保存袋に個別に入れると冷蔵庫の中で迷子になりがちです。容器に集めておけば、管理しやすいですね。

献立の基本の形
まずは「一汁一菜」から

食事は、栄養のバランスが整ったものを、おいしく楽しく食べることが理想。同じものを数日以上食べ続けると栄養が偏り、飽きやすくなります。

献立の基本的な形は、一汁一菜。ご飯などの主食、肉や魚などのタンパク質と脂質を主菜にし、みそ汁やスープ、煮物などの汁物をつけるとバランスが整いやすいです。肉野菜炒めや筑前煮など、主菜に野菜を加えた料理にすると、よりバランスがよくなります。ビタミン・ミネラルを多く含む、野菜や海藻などを意識して積極的に摂りましょう。食物繊維は、野菜やイモ類、豆類に多いです。

塩味、酸味といった味付けや、食感にバリエーションがある献立にすると、食事が単調にならずに済みます。

最低限の栄養が摂れる「一汁一菜」とは?

一汁一菜とは、ご飯に汁(汁物)と菜(総菜)1品ずつの献立スタイルのこと。自炊のハードルが高く感じられるなら、一汁一菜から始めてみましょう。

● 一汁一菜の献立

おかず1品(主菜)
タンパク質と野菜に、きのこや海藻類も加えればパーフェクト。

一汁一菜の
献立スタイル

主食
基本は白米に雑穀などをプラスすれば栄養価がアップします。

汁物
具だくさんみそ汁なら栄養も摂れて一石二鳥。豚汁のようにタンパク質を補えれば、おかずはお休みでもOK。

POINT
☐ 5大栄養素+食物繊維を取り入れる
☐ 数日単位のトータルバランスで考える
☐ 主菜に使っていない食材で汁物を作り、バランスを整える

自分に合ったエネルギー量の目安

1日に摂取するエネルギー量は、年齢や性別、1日の活動量、筋肉量や運動の有無など、人それぞれちがいます。一般的に、成人女性は1,700~2,050kcal、成人男性は2,100~2,700kcalが、1日に必要なエネルギー量だといわれています。

健康な体づくりに欠かせない5大栄養素

自分の体は、食べたものからしかつくられません。栄養素を理解すると、なんとなくバランスのとれた食事作りができるようになります。普段は意識しなくても、知っていること・知識があることが大切です。

タンパク質

筋肉や内臓、皮膚、ホルモンや酵素など体の大部分を構成。

脂質

炭水化物より効率よくエネルギーを生産し、余ったら脂肪として体に蓄えられる。

ビタミン

体の機能を正常に保ち、調子を整える。水溶性と脂溶性のビタミンがある。

炭水化物

炭水化物は糖質と食物繊維の総称で、ブドウ糖は脳の大切なエネルギー源。

ミネラル

血や骨を作る栄養素。体内で作れないため食事から摂る必要がある。

食物繊維も大事!

便通を整え、整腸作用のある食物繊維。余分な脂質・糖・ナトリウムを吸着して体の外に出す役割もあります。

献立作りの手順の例

献立作りは「ハードルを上げない」「パターン化する」「時々単品メニューを入れる」など、気合を入れすぎないのがコツ。3〜5日の献立を決めて買い物に行くと、無駄な買い物や余り食材も最小限になります。

STEP 1 冷蔵庫の食材をチェック!

冷蔵庫にある食材から数日分の献立を考えます。消費期限が迫っていたり、早く使いたい食材があれば優先して。量が多い食材は、バリエーションを工夫して早く使い切りましょう。

STEP 2 主菜を決める

肉や魚、卵から主菜を決めます。肉と魚を交互にして、時々卵料理を入れるなど、パターンを決めると買い物も迷わず栄養の偏りも最小に。魚は買ってきた日に食べるなど、鮮度優先で考えてもよいでしょう。

STEP 3 調理方法を考える

焼く・揚げる・炒める・蒸す・煮るなど多彩な調理方法を使うと、同じ食材でもバリエーションが増えます。迷ったら手元にある食材でレシピを検索するのも手。揚げ物の翌日は蒸し料理など、調理法を日替わりにしてもOK。

STEP 4 副菜を決める

副菜はゆでるだけ・和えるだけなど、簡単に作れるものに。主菜を作っている傍らでできるものにすれば、スピーディに仕上がります。週末につくりおきして冷蔵庫で保存すれば、毎日の食卓が豊かになります。

STEP 5 汁物を決める

具材を入れて煮込むだけの汁物は、体も温まりひとり暮らしの強い味方。残り食材を全部入れて、具だくさんのみそ汁、コンソメやトマトのスープを作りましょう。水に溶けやすい栄養素も逃さず摂れるので栄養的にも優秀。

鮮度のよいものを選ぶ
買いすぎに注意しながら

ひとり暮らしでは、なかなか食材が減りません。最小単位で買ったほうが、使い切るべき献立の悩みをムダに増やさず、腐らせずに済むので良心が痛みませんし、結局は安上がりになるからおすすめです。食材が残ると、料理がイヤになってしまいがち。肉は1回分ずつ小分けにし冷凍するとよいでしょう。

生鮮食品はハリがあるなど、鮮度が高いものを選びます。肉や牛乳はスーパーなら棚の奥や下にあるものほど新しいことが多いです。ラベルにある加工日・製造日を確認し新しい商品を選びましょう。

長持ちする食品は、缶詰や乾物類、乾麺、米など。レトルト食品や冷凍食品も長持ちしますが、消費期限は確認し、基本的に期限を過ぎたら廃棄しましょう。

✧ ひとり暮らしの買い出しのコツ

ひとり暮らしなら週1〜2回のまとめ買いでも十分。ミニサイズや最小単位での買い物を心がけ、「リストにあるものだけを買う」などのルールを作ると節約もできます。

食材を余らせない買い方

- 在庫をチェックしながら買う
- 調味料はミニボトル、その他の食品も使い切りサイズを選ぶ
- カット野菜を利用する
- 量が多い値下げ品や特売品に飛びつかない

食費を節約する買い方

- 予算を決めて買い物リストを作成する
- 特売品や値引きの時間帯を狙う
- もやし、豆腐、豚バラ肉など、安価な食材を取り入れる
- 旬の食材を買う
- 同じスーパーで買い、効率よくポイントをためる
- 飲料水などよく買うものはネットや通販の定期便を利用し、お得に買う

ひとり暮らしの
ストック食材は
25ページをチェック!

🔍 こんな方法も

自分の中で単価の基準を決めておく

●基準例

牛乳	1L 220円	じゃがいも	1個 60円
卵	1パック 300円	もやし	1袋 20円
鶏もも肉	100g 150円	きのこ	1パック 100円

よく買う商品は自分の中で「適正価格」を決めておき、それを基準に買うようにすると自然と節約になります。

野菜の鮮度を見分ける5つのポイント

新鮮な野菜の見分け方が身につけば、それは一生使える「目利きの技術」。普段からスーパーで野菜を観察し、「どれが新鮮か」を見分けるクセをつけると、自然と買うべき野菜がわかるようになります。

❶ ヘタで見分ける
ヘタの切り口がみずみずしく、張りがあって色が濃ければ新鮮な証拠です。

❷ 色で見分ける
色が濃くツヤがあるもの、長ネギなどは色の境目がはっきりしている野菜がGOOD。

❸ 重さで見分ける
キャベツや白菜は重いものを、レタスはふんわり巻いている軽いものを選んで。

❹ トゲで見分ける
きゅうりやオクラ、ナスのヘタなどは、新鮮なものほどトゲが鋭くとがっています。

❺ 切り口で見分ける
にんじんの首やアスパラガスの根元など、新鮮なものはみずみずしさがあります。

食材別の選び方

カットキャベツ・カット白菜
葉がぎっしり詰まっていてずっしり重く、切り口がきれいでみずみずしいもの

トマト
重みがあり、ヘタが緑色でピンとしているもの

ブロッコリー
濃い緑色で、つぼみが密集していて引き締まっているもの

玉ねぎ
皮が乾燥してツヤがあり、全体がかたくしまっていて、丸く重いもの

にんじん
茎の切り口が小さく、オレンジ色が濃く鮮やかで、皮がなめらかなもの

じゃがいも
皮が薄くて全体的にかたさがあるもの。

もやし
茎が太くて白く、ハリのあるもの

きゅうり
太さが均一で両端がかたく、緑色が鮮やかなもの

大根
ハリとツヤがあり、色は白くまっすぐで重く太いもの

ピーマン
緑色が濃く、全体的に肉厚でハリがあり、表面にツヤがあるもの

ほうれん草
葉が肉厚で緑色が濃く、葉先がピンと立っているもの

なす
皮の色が濃く、表面にツヤとハリがあって傷のないもの

きのこ類
軸にシワがなく、しっかりしていて肉厚で、かさが開きすぎていないもの

鶏肉
表面がみずみずしくツヤがあり、濁りのないピンク色をしたもの

豚肉
赤身と脂身の境目がはっきりとしていて、ドリップが出たり、黄色い脂肪がついていないもの

牛肉
鮮やかな薄紅色をしていて表面にツヤがあり、変色のないもの

ひき肉
全体の色が均一で変色がなく、色鮮やかなもの

魚の切り身
血合いがピンク色で切り口のカドが立っていて、身に弾力があり、ひび割れていないもの

食材はどこで買う?

スーパーや宅配、コンビニなど、食材を調達する場所は、今や複数を組み合わせながら選ぶ時代。それぞれのメリット・デメリットを理解して、上手に活用しながらお得に買い物を済ませましょう。

食材宅配サービス	ネットスーパー	コンビニ	個人商店	スーパー（実店舗）
重いものも運んでもらえて便利。有機野菜やミールキットなど独自サービスもあります。	注文や配送のタイミングが自由で便利ですが、商品を目で確かめて買えないデメリットも。	店舗が多く夜遅くても買い物しやすいですが、値段は高めで衝動買いの誘惑もあります。	見切り品を買えるなど節約しやすいですが、品数が少なく閉店時間が早い傾向がある。	豊富な種類から商品を選べますが、選ぶ手間がかかったり、つい買いすぎてしまうことも。

食中毒はなぜ起こる?

食中毒は、細菌やウイルスが食べ物に付着して体内に侵入することよって引き起こされます。典型的な症状は腹痛、嘔吐、下痢、発熱など。重症化すると命に関わる場合もあるため、注意が必要です。

細菌が原因となる食中毒	ウイルスが原因となる食中毒
細菌は温度や湿度などの条件がそろうと食べ物の中で増殖する。多くは、室温(約20℃)で活発になり始め、ヒトの体温ほどの温度で最も増殖スピードが速くなる。	ウイルスは温度が低くても、乾燥した環境下であっても長く生存する。食べ物の中では増殖しないが、食べ物を通じて体内に入ると、ヒトの腸管内で増殖する。
★夏場(6〜8月)に多く発生 ★代表的な細菌 　■ウエルシュ菌 　■腸管出血性大腸菌 　　(O157、O11など) 　■カンピロバクター 　■サルモネラ菌 　■黄色ブドウ球菌 　■セレウス菌　など	★冬場(11〜3月)に多く発生 ★代表的なウイルス 　■ノロウイルス 　■A型肝炎ウイルス 　■E型肝炎ウイルス　など

● 食中毒の発症例

鍋に残った夕食のカレーをコンロの上に出したままにして、翌朝加熱して食べた。夕方、下痢と腹痛に見舞われた。**ウエルシュ菌**に感染していた。

居酒屋で注文した焼き鳥が生焼けだったが気にせず食べた。翌々日発熱し、ひどい吐き気に襲われた。**カンピロバクター感染症**による食中毒だった。

自宅でカキフライを作って食べた翌朝から激しい嘔吐と下痢症状に。**ノロウイルス**に感染していた。

イカの刺し身を食べた日の深夜、激しい腹痛で目覚める。胃カメラを受けたら**アニサキス**という寄生虫が発見された。

細菌とウイルス以外にも、アニサキスのような寄生虫も食中毒の原因になるんだね

買い物からあと片付けまで! 食中毒予防のためにすべきこと

厚生労働省によると、食中毒の約20%は家庭の食事が原因です。食中毒を予防するためには、細菌やウイルスを「つけない、増やさない、やっつける」ことが大切です。

買い物

- ☐ 肉、魚、野菜などの生鮮食品は新鮮なものを購入する。
- ☐ 購入した肉や魚介類は、ドリップの付着を防ぐためポリ袋などに入れて持ち帰る。
- ☐ 生鮮食品など温度管理が必要な食品は最後に購入し、できるだけ早く持ち帰る。
- ☐ スーパーにある無料の保冷用氷を利用する。
- ☐ 保冷剤や保冷バッグを用意して行く。

保存

- ☐ 冷蔵や冷凍が必要な食品は、持ち帰ったらすぐに冷蔵庫や冷凍庫に入れる。
- ☐ 肉や魚などは、ポリ袋や容器に入れ、ほかの食品にドリップがかからないようにする。
- ☐ 肉、魚、卵などを取り扱うときは、取り扱う前と後に必ず手指を石けんで洗う。

下準備

- ☐ 食材や食器に触る前に石けんで手洗いする。
- ☐ 生の肉や魚を切った後に、同じ包丁やまな板で、別の食品を切らない。
- ☐ 野菜用と生肉・生魚用など、両面使いできるまな板を選ぶ。
- ☐ 包丁、食器、まな板、ふきん、たわし、スポンジなどは、使った後すぐに、洗剤と流水でよく洗う。

調理

- ☐ 肉調理を始める前に石けんで手洗いする。
- ☐ 加熱して調理する食品は十分に加熱する。
- ☐ 料理を途中でやめてそのまま室温に放置しない。途中でやめる場合は冷蔵庫に入れ、調理を再開する際に十分に加熱する。

食事

- ☐ 清潔な手で、清潔な器具を使って清潔な食器に盛り付ける。
- ☐ 温かい料理は温かいうち(65℃以上)に、冷やして食べる料理は冷たいうち(10℃以下)に食べる。
- ☐ 調理前の食品や調理後の食品を室温に長く放置しない。
- ☐ つくりおきの料理を食べる場合は、十分に加熱する。
- ☐ 調理から時間がたちすぎていたり、少しでもあやしいと思ったら、食べずに処分する。

あと片付け

- ☐ 残った食品は早く冷えるように浅い容器に小分けし、よく冷まして冷蔵保存する。
- ☐ 食後の食器や調理器具はできるだけ早く洗う。
- ☐ タオルやふきんは清潔な乾燥したものを使う。
- ☐ 包丁やまな板などの調理器具、スポンジ、ふきんなどは、熱湯または漂白剤などを使って消毒する。

Q & A

鶏肉の生焼けを防ぐには?

焼く15〜20分前に冷蔵庫から出し、冷たいフライパンから弱めの火加減でじっくり焼きます。カリッとさせたいときは、仕上げに強火で表面を焼きましょう。

つくりおきのおかずをお弁当に詰めてもOK?

昨晩の残り物を詰める場合はお弁当箱に詰める直前に十分に再加熱し、冷ましてから詰めます。また、水分が多いと細菌が増えやすくなるため、おかずの汁気はキッチンペーパーなどでよく切って。気温が20℃以上になる日は保冷剤を用意します。

参考:厚生労働省ホームページ「家庭での食中毒予防」

✧ 定番食材を使った一汁一菜定食

まとめ買いした食材を、7日間使い回せるレシピを紹介します。管理栄養士監修で、栄養満点！ 食材は1年を通して手に入りやすく、作り方も簡単です。

そろえておく食材

豚こま切れ肉 （200gぐらい）	鶏もも肉1枚 （300gぐらい）	生鮭 2切れ	卵 3個	にんじん 1～2本

小松菜 1袋	玉ねぎ 2個	大玉トマト 2個	キャベツ ¼玉	しめじ 1袋

そろえておく調味料

顆粒だし	砂糖	酒	塩	酢

しょうゆ	みそ	ごま油	サラダ油	こしょう

顆粒コンソメ	鶏がらスープの素	トマト ケチャップ	マヨネーズ	オイスターソース

にんにくチューブ	すりごま	片栗粉 （ふりだしタイプ）		

レシピ考案・監修・栄養価計算／管理栄養士 加賀美明子

DAY 1　鶏もも肉の照り焼き定食　770kcal　※ご飯200g(312kcal)含む

煮詰めたソースが濃厚でおいしい！
食べ応え満点でご飯に合う

鶏肉は良質なタンパク質。この1皿で、タンパク質がしっかり摂れます。また、1つのフライパンで照り焼きと付け合わせの野菜ができるので、洗い物もラク！にんじんの甘みとしめじの旨味が効いた、やさしい味のみそ汁と一緒にめしあがれ。

ついで家事

残った鶏肉は6日目に使います。一口大に切ったらキッチンペーパーで水分を押さえ、保存容器に入れて冷凍保存します。キャベツはぬらしたキッチンペーパーをかぶせ、ポリ袋に入れて保存します。

使う食材・使う調味料

〈鶏もも肉の照り焼き〉

食材

鶏もも肉	玉ねぎ	キャベツ
½枚	¼個	2〜3枚

調味料

サラダ油	酒	砂糖	しょうゆ
小さじ1	大さじ1	小さじ2	大さじ1

〈しめじとにんじんのみそ汁〉

食材

にんじん	しめじ
40g	¼株

調味料　　　　**その他**

顆粒だし	みそ	水
小さじ⅓	大さじ1	150mL

 15分 鶏もも肉の照り焼き

作り方

❶ 鶏もも肉の余分な皮や筋を取り除き、肉の厚いところに包丁を入れ、均等の厚さにする。火が通りやすく、縮みを防ぐためにフォークで皮目にところどころ穴を開ける。

❷ 玉ねぎは芯を残し、くし切りにする。キャベツは5cm角ぐらいの大きさにちぎる。

❸ フライパンを中火で熱し、油を入れて全体に広げる。鶏肉は皮目を下にして置き、空いたスペースに玉ねぎを入れる。皮に焼き色がついたら鶏肉と玉ねぎを裏返し、余分な油をキッチンペーパーで拭き取る。

❹ フライパンにキャベツ、酒、砂糖、しょうゆを加えて、フタをして弱火にし、3分ほど蒸し焼きにする。鶏肉の最も厚いところに、菜箸がスーッと刺されば中まで火が通っている。

❺ 皿に盛り付け、フライパンに残ったソースを中火で煮詰めてかける。

 10分 しめじとにんじんのみそ汁

作り方

❶ にんじんは短冊切りにし、しめじは石づきを取り、小房に分けて鍋に入れる。

❷ 水150mLと顆粒だしを加え、野菜が煮えるまで中火で煮る。

❸ 火を止めて、みそを溶く。

簡単アレンジ

付け合わせの玉ねぎは、生で食べると血液サラサラ効果が期待できます。スライスオニオンとツナのマヨネーズ和えやスライスオニオンのおかかしょうゆ和えはすぐにできておいしい！

ふっくら焼いた鮭にマヨネーズの
コクと酸味がベストマッチ！

ホイル焼きにすることで、フライパンを
汚さずに調理できます。鮭は調理しや
すいうえに、栄養価が高いので、ひとり
暮らしの食卓におすすめです。彩りも
鮮やかなトマトの旨味が食欲をそそりま
す。鶏だしスープとも相性抜群です。

ついで家事

残った生鮭は5日目の
「鮭のガーリック焼き」
に使います。両面に
塩を振り、キッチンペ
ーパーで水気を押さえ
たらラップでぴっちり
包み、冷凍保存しまし
ょう。

使う食材・使う調味料

〈鮭のマヨネーズホイル蒸し〉

食材

生鮭　　玉ねぎ　しめじ
1切れ　 ¼個　　¼株

調味料

塩　　　酒　　マヨネーズ　しょうゆ
小さじ¼　大さじ1　大さじ1　小さじ1

〈トマトと卵のスープ〉

食材

トマト　卵
½個　　1個

調味料　　**その他**

鶏がらスープの素　水
小さじ1　　　150mL

 20分 鮭のマヨネーズホイル蒸し

作り方

❶ 鮭の両面に塩を振って、10分ほどおき、出てき
た水分をキッチンペーパーで押さえる。

❷ 玉ねぎを2〜3mmに薄くスライスし、しめじは石
づきを取り、小房に分ける。

❸ アルミホイルに半量のマヨネーズを広げ、鮭、
玉ねぎ、しめじをのせ、酒を振りかけたあと、残り
のマヨネーズを全体にかけ、包む。

❹ フライパンに入れたらフタをし、中弱火で10分ほ
ど蒸し焼きにする。しょうゆをかけていただく。

 10分 トマトと卵のスープ

作り方

❶ トマトはヘタを取り、8等分に切る。

❷ ボウルに卵を割り入れ、溶きほぐす。

❸ 鍋に水150mL、トマト、鶏がらスープの素を入れ、
沸騰したら❷の溶き卵を、菜箸を伝わせながら
少しずつ回し入れる。再び沸騰したら火を止め、
味見をし、塩適量で味を調える。

簡単アレンジ

鮭の味付けはバター×しょうゆ、チーズ×みその
組み合わせもよく合います。ホイル焼きに添える
野菜は、春はアスパラやスナップエンドウなど旬
の食材を使うのもおすすめです。

DAY 3 さっぱりレンジ豚しゃぶ定食

705kcal ※ご飯200g（312kcal）含む

野菜を一緒に摂取することで
満腹感もアップ！

酒で蒸すことでふっくら仕上がった野菜と旨味たっぷりの豚こまにごまマヨだれをかけて、ご飯が進む1品に。ビタミンB1が含まれる豚肉は、疲労回復とストレス解消に効果があります。中華スープは、ごま油を垂らすことで、風味よく仕上がります。

ついで家事

残った小松菜は4cmのざく切りにして、70gは冷蔵室（4日目用）、残りは7日目で使うため、キッチンペーパーで水気を取ってから冷凍室で保存します。

使う食材・使う調味料

〈さっぱりレンジ豚しゃぶ〉

食材

豚こま切れ肉	キャベツ	にんじん
100g	2〜3枚	40g

調味料

塩	こしょう	酒
ひとつまみ	ひとつまみ	大さじ1

【ごまマヨだれ】

マヨネーズ	砂糖	すりごま	しょうゆ
大さじ1	小さじ1	大さじ1	小さじ1と½

〈中華スープ〉

食材 **その他**

玉ねぎ	小松菜	水
⅛個	20g	150mL

調味料

鶏がらスープの素	にんにく	ごま油
小さじ1	小さじ¼	小さじ½

 15分 さっぱりレンジ豚しゃぶ

作り方

① キャベツは5cmの大きさにちぎる。にんじんはピーラーで幅1cmほどの大きさに、薄くスライスする。

② 耐熱皿に、キャベツ、にんじんの順に入れ、その上に豚こま切れ肉同士を重ならないように広げてのせ、塩、こしょうをし、酒を振りかける。ラップをし、電子レンジ600Wで4分間加熱する。

③ マヨネーズに砂糖、すりごまを加え混ぜたら、しょうゆを少しずつ垂らし入れ、よく混ぜてごまマヨだれを作る。

④ 豚しゃぶに③のたれを好みの量かける。

10分 中華スープ

作り方

① 玉ねぎは2〜3mmに薄くスライスし、小松菜は4cmほどのざく切りにする。

② ①の材料を耐熱ボウルに入れてラップをし、電子レンジ600Wで1分間加熱する。

③ ②に水150mL、鶏がらスープの素、にんにくを加え混ぜ、ラップをしてさらに1分間加熱する。よく混ぜ仕上げにごま油を垂らす。味見をし、塩適量で味を調える。

簡単アレンジ

ごまマヨだれはさまざまなメニューと相性抜群。ほうれん草の和え物やきのこのソテー、蒸した白菜と鶏ささみ、ゆでたもやしとハムなどにかけてもおいしいです。

DAY 4　小松菜と卵のオイスターソース炒め定食　565kcal　※ご飯200g（312kcal）含む

クセがない小松菜とふんわり卵の
炒め物を旨味たっぷりの
オイスターソースで味付け！

不足しがちなカルシウムをたっぷり摂れる
小松菜と、良質なタンパク質源である卵を
使ったバランスのよい1品です。にんじん
のごまスープは、にんじんを油で炒めること
で、甘みを引き出し、コクのあるおいしさに。

ついで家事

5日目の「鮭のガー
リック焼き」に使う
生鮭を冷凍室から
冷蔵室へ移し、6時
間ほどかけて自然解
凍します。残りのに
んじんはすべて千切
りにして冷凍保存（7
日目用）に。

使う食材・使う調味料

〈小松菜と卵のオイスターソース炒め〉

食材

卵　　トマト　　小松菜
1個　　½個　　70g

調味料

ごま油　にんにく　　塩　　　酒　　オイスターソース
小さじ1　小さじ¼　ひとつまみ　大さじ1　　小さじ1

〈にんじんのごまスープ〉

食材

にんじん
50g

調味料　　　　　　　　　　**その他**

サラダ油　　酒　　顆粒だし　　水
小さじ1　大さじ1　小さじ⅓　150mL

すりごま　しょうゆ　　塩
小さじ1　小さじ½　ひとつまみ

 **15分　小松菜と卵の
オイスターソース炒め**

作り方

❶ ボウルに卵を割り入れ、溶いておく。トマト
を6～8等分にスライスする。

❷ フライパンを熱し、半量のごま油を入れ、卵
を焼く。菜箸で卵を大きく回しながら崩し、
8割ほどの半熟になったら取り出す。

❸ フライパンににんにくと残りのごま油を入れ
て、香りが出るまで炒め、トマトを加える。
崩れすぎないように、フライパンをゆすりな
がら炒める。3日目でざく切りにした小松
菜を加え、塩を振り、軽く炒める。

❹ 酒を入れてフタをして弱火にし、1分ほど蒸
し、小松菜がしんなりしたら、卵を戻してオ
イスターソースを加えて混ぜ合わせる。

 15分　にんじんのごまスープ

作り方

❶ 鍋に油を入れ、2mmほどのいちょう切りに
したにんじんを炒める。

❷ しんなりしたら酒を加えてなじませる。

❸ 水150mLと顆粒だしを加え、にんじんに
火が通ったら、すりごま、しょうゆを加え、塩
で味を調える。

簡単アレンジ

オイスターソースはもやしやキャベツなどの
野菜炒めにもおすすめ。また、オイスターソ
ースとにんにく、酢、オリーブオイルを混ぜ
ると、コクと旨味のあるディップになります。

DAY 5 　鮭のガーリック焼き定食

610kcal　※ご飯200g（312kcal）含む

表面をカリッと焼いた鮭と
ガーリックの香りが食欲をそそる1品

にんにくは魚の臭みを消してくれるので、おいしくいただけます。付け合わせのしめじは、フライパンの上で動かすと水分が出て旨味も一緒に抜けてしまうため、パリッと仕上げたい鮭と同様、動かさずに焼くとおいしいです。

ついで家事

6日目の「鶏もも肉のケチャップ炒め」に使う鶏もも肉を冷凍室から冷蔵室に移し、8時間ほどかけて自然解凍します。

使う食材・使う調味料

〈鮭のガーリック焼き〉

食材

生鮭
1切れ

しめじ
1/4株

トマト
1/2個

調味料

塩
少々

にんにく
小さじ1

こしょう
少々

片栗粉
小さじ1

サラダ油
大さじ1

酒
大さじ1

しょうゆ
少々

〈レンジでオニオンスープ〉

食材

玉ねぎ
1/4個

調味料

顆粒コンソメ
小さじ1

塩・こしょう
各少々

その他

水
150mL

20分 鮭のガーリック焼き

作り方

1. 4日目に解凍しておいた鮭の水分をキッチンペーパーで押さえる。
2. にんにくを鮭にすり込み、塩・こしょうをし、片栗粉を振る。
3. フライパンを中火で熱し、油を入れ、皮目を下にして鮭を入れる。
4. しめじは石づきを取り、大きめの房に分けて、空いているところに入れる。フライパンを前後にゆすりながら、焼き色がつくまで焼く。
5. 鮭としめじを裏返し、酒を加え、フタをして弱火にし火が通るまで蒸し焼きする。
6. 皿に盛り付けたら、しめじにしょうゆをかけ、ヘタを取り、くし形切りにしたトマトに塩適量を振る。3日目のごまマヨだれをかけても。

10分 レンジでオニオンスープ

作り方

1. 玉ねぎは2～3mmに薄くスライスする。
2. ❶の玉ねぎを耐熱ボウルに入れ、ラップをして電子レンジ600Wで1分間加熱する。
3. ❷に水150mL、顆粒コンソメを加え、電子レンジ600Wでさらに1分間加熱する。よくかき混ぜて仕上げに塩・こしょうで味を調える。

簡単アレンジ

オニオンスープにバターやチーズを入れると濃厚な味わいに。余り野菜を食べ切りたいときにもおすすめのスープです。ガーリック焼きは、鮭のほかアジやイワシを使ってもおいしくできます。

DAY 6 　鶏もも肉のケチャップ炒め定食

765kcal ※ご飯200g（312kcal）含む

ジューシーな鶏もも肉と、甘酸っぱいケチャップが好相性

玉ねぎの旨味も合わさって、箸が進みます。トマトケチャップに含まれるシトラールには、肉の臭みを消す効果があります。鶏もも肉は良質なタンパク質源であるうえに風邪などの感染症を予防するビタミンAが豊富。積極的に食べましょう。

ついで家事

7日目の「豚こまビビンパ丼温泉卵添え」に使う豚こま肉を冷凍室から冷蔵室に移し、6時間ほどかけて自然解凍しておきます。

使う食材・使う調味料

〈鶏もも肉のケチャップ炒め〉

食材

鶏もも肉　玉ねぎ　しめじ
½枚　　　½個　　　¼株

調味料

塩・こしょう　片栗粉　サラダ油　にんにく
各少々　　　小さじ1　小さじ1　小さじ¼

酒　　　　砂糖　　　しょうゆ　トマトケチャップ
大さじ1　小さじ½　小さじ1　大さじ1

〈キャベツとにんじんのコンソメスープ〉

食材

キャベツ　にんじん
30g　　　30g

調味料 　　　　　　　　**その他**

顆粒コンソメ　塩・こしょう　　　水
小さじ1　　　各少々　　　　150mL

15分 鶏もも肉のケチャップ炒め

作り方
1. 5日目に解凍しておいた鶏肉に塩・こしょうをかけてもみ、片栗粉を振る。
2. 玉ねぎは2～3mmに薄くスライスし、しめじは石づきを取り、小房に分ける。
3. フライパンに油とにんにくを入れ、中火で熱し、皮目を下にして鶏肉を並べる。周りにしめじを並べ、上から玉ねぎを入れフタをし、焼き色がつくまで蒸し焼きにする。
4. 鶏肉としめじを裏返し、酒を加え、さらにフタをして2分ほど鶏肉に火が通るまで蒸し焼きにする。
5. 砂糖、しょうゆ、トマトケチャップを加えて炒め、調味料がなじんだら完成。

10分 キャベツとにんじんのコンソメスープ

作り方
1. キャベツとにんじんを千切りにする。
2. ❶の材料を耐熱ボウルに入れラップをし、電子レンジ600Wで1分間加熱する。
3. ❷に水150mL、顆粒コンソメを加え、さらに電子レンジ600Wで1分間加熱する。よく混ぜて塩・こしょうで味を調える。

簡単アレンジ

鶏肉の代わりに豚こま切れ肉を使ってもおいしいです。

DAY 7　豚こまビビンパ定食

808kcal　※ご飯200g（312kcal）含む

ごま油が香る豚こまビビンパ丼
簡単なのにおいしくて食べ応えも満点！

休前日のご褒美メニューにもおすすめの1品です。残り野菜で作るすまし汁は、冷蔵庫の片付けにもピッタリ。多めに作れば食材が余ることなく、使い切ることができます。

ついで家事

7日間で使い切らなかった食材は、スープや具だくさんみそ汁にしてすべていただきましょう。

使う食材・使う調味料

〈豚こまビビンパ丼温泉卵添え〉

食材

豚こま切れ肉 100g　にんじん 50g　小松菜 70g

調味料

【具の味付けに使う調味料】

にんにく 小さじ¼　鶏がらスープの素 ½　すりごま 小さじ1　しょうゆ 小さじ½　酢 小さじ½　ごま油 小さじ½

オイスターソース 小さじ1　塩・こしょう 各少々

【ビビンパのたれ】　【温泉卵】

みそ 小さじ1　しょうゆ 小さじ1　砂糖 小さじ1　酒 小さじ2　にんにく 少々　ごま油 小さじ½　卵 1個

〈具だくさんすまし汁〉

食材

玉ねぎ ⅛個　にんじん 30g　キャベツ 30g

その他

調味料

顆粒だし 小さじ⅓　酒 大さじ1　しょうゆ 小さじ½　塩 ひとつまみ　水 150mL

15分 豚こまビビンパ丼 温泉卵添え

作り方

1. 耐熱皿に3日目に冷凍しておいた小松菜、4日目に千切りにして冷凍しておいたにんじんの順で入れ、ラップをして電子レンジ600Wで3分間加熱した後、冷ましておく。
2. 1の粗熱が取れたら、野菜から出た水分をしっかり絞り、「具の味付けに使う調味料」を加えて和える。
3. フライパンを中火で熱し、ごま油を入れ、6日目に解凍しておいた豚肉に塩・こしょうをして炒め、火が通ったらオイスターソースを加えてよく炒める。
4. 耐熱マグカップに卵と水大さじ2を加え、黄身の中心に菜箸で1カ所穴を開けて電子レンジ600Wで35秒加熱し、卵の水を切って温泉卵を作る。
5. 「ビビンパのたれ」の調味料を混ぜる。どんぶりにご飯を入れ、234を盛り付け、好みの量のたれをかける。

10分 具だくさんすまし汁

作り方

1. 鍋に水150mL、スライスした具材、顆粒だしを入れ、中火にかけ、野菜がやわらかくなるまで煮る。
2. 2に酒、しょうゆ、塩を加えて一煮立ちさせる。

簡単アレンジ

ビビンパにコチュジャンを入れると本格的な味わいに。

11

考えなくても作れるレシピとは

レシピなしで作れる お助け献立を味方に

残った食材の使い切り方法として、おすすめなのが汁物。みそ汁、カレーはたいていの食材を受け入れます。スープも同じで、ブイヨンを使えば洋風、中華スープを入れれば中華風に。味付けや量も調節しやすく「包容力」が高い料理です。

どんぶりもお助け料理。面倒なとき、家計がピンチのときに豆腐とかつお節、ネギやわかめをのせ、しょうゆやポン酢をかければ安上がり。残ったスープにご飯、麺を入れるのもおすすめです。

干物とみそ汁、冷ややっこ、ご飯といった定番の定食献立を決める、好きな料理をレシピなしで1品作れるようにしておくなどすれば、困ったときに間違いない、お助け調理術になりますよ。

✨ 少ない労力で食事作りをするには？

労力をかけずに食事を作るには「プロセスを省く」「調味料に頼る」などさまざまな方法があります。少しの手間でもおいしい料理は作れるものなのです。

● 料理の苦手意識を克服する3つのポイント

調理工程を省く

コレで解決！

焼肉用のタレや
めんつゆを使う

既製のタレやめんつゆには旨味成分が入っているので、簡単に味付けができます。炒め物におすすめ。

缶詰を活用する

缶詰は加熱調理されたものが多いので、下ごしらえの時間が不要。旨味も詰まっています。

放り込みレシピにする

材料と調味料を一度に加熱するだけでできあがるレシピのレパートリーを増やしておきましょう。

道具や食材に頼る

コレで解決！

炊飯器で"ほったらかし
調理"にする

炊き込みご飯のほか、シチューやおでん、角煮や肉じゃがまで材料を入れるだけで作れます。

レンチン料理にする

時短・手抜きの強い味方。ただし火力調整ができず温めムラもあるので、注意しましょう。

いい調味料を使う

天然塩やバージンオリーブオイルなど、良質な調味料は素材にかけるだけで香りや風味が豊かに。

がんばりすぎない

コレで解決！

品数にこだわらない

3品が1品になっても、使われている食材が同じなら栄養価的にはほぼ同じ。無理に品数を増やさなくてOK！

"固定メニュー"を決める

疲れたときのお助けメニューを2〜3品決めておき、それに必要なルーや調味料を普段から用意しておきましょう。

カット野菜や
ハーブミックスを使う

カット野菜には数種類の野菜が入っていたり、ハーブミックスはスパイスがすでに調合されているので、かなりの時短に。

困ったときのお助け献立を用意しておく

疲れているときや買い物に行けなかったときの「お助けレシピ」はひとり暮らしの命づな。バリエーションが多ければ飽きずに楽しめ、節約にも役立ちます。塩やだしなどの味付けは自分好みでつけましょう。

忙しくて時間がない

簡単マグカップスープ

お湯を注ぐだけ！　5分でできる野菜スープです。ご飯と買ってきたお総菜にプラスしましょう。

❶　卵 ＋ 小ネギ ＋ 熱湯200mL

マグカップに卵を溶いてお湯を注げば、かき玉スープに。ご飯やゆでうどんを入れてもOK。青ネギや鶏ささみなど具を増やしても。

❷　梅干し ＋ かつお節 ＋ 塩昆布 ＋ 熱湯200mL

材料からそれぞれだしが出て、深みのある味わいに。ご飯を入れると雑炊になります。体調不良のときにもおすすめ。

❸　桜エビ ＋ 塩昆布 ＋ 長ネギ ＋ 熱湯200mL

桜エビには牛乳の約6倍のカルシウムが含まれ、タンパク質やビタミン類も豊富。シンプルだけど優れものスープ。

料理が面倒

レンチンラクラクどんぶり

耐熱容器に材料を入れて、電子レンジで3〜5分加熱するだけ。ほかほかご飯にのせてできあがり。

❶　豚バラ肉 ＋ もやし ＋ キムチ ＋ ご飯

ちょっぴり旨辛な韓国風どんぶり。具だけでもお酒のつまみになります。豚バラの脂とキムチの酸味が馴染んで、旨味たっぷり。

❷　鶏ひき肉 ＋ 小ネギ ＋ 卵黄 ＋ ご飯

ひき肉と小ネギの卵とじどんぶり。卵を半熟程度に仕上げてもおいしい。加熱時間を長くすれば、卵焼きとしてお弁当のおかずにも。

❸　サバ缶 ＋ ほうれん草 ＋ 卵黄 ＋ ご飯

サバには中性脂肪値を下げて脳にもよいとされる「EPA・DHA」がたっぷり。弱点である酸化も、ほうれん草のビタミンEが防いでくれる心強い1品。

※❶❷は肉に火が通っているか確認してから食べる。

何を作っていいかわからない

変わり種カレー

基本的にはどんな食材もOKなカレー。困ったときのためにルーだけは常備しましょう。

❶　冷凍シーフードミックス

解凍したシーフードミックスを刻んだにんにくと一緒にサラダ油で炒め、火が通ったら、カレールーと水を加えて5〜10分煮込めばOK!

❷　大根&ツナ

大根とツナを炒めて水とルーを加えるだけ。水を加えずにルーをみじん切りして加えれば、大根とツナのカレー炒めにもなります。

❸　トマト、オクラ

トマトは生ものを使えば具の1つとして楽しめ、トマト缶を使えば「トマトカレー」に変身。オクラはフライパンで炒め、カレーに添えます。

家計がピンチ！

かさ増し節約おかず

お手頃価格の野菜や栄養価の高い食材でかさ増しすれば、満足度もあり栄養もたっぷり摂れます。

❶　たっぷりもやしの豚肉炒め

食べやすい大きさに切って焼き肉のタレに10分ほどつけた豚こま肉と、もやしを炒めるだけ。豚肉が少量でも、もやしでボリューム満点！

❷　ちくわの肉巻き

アスパラの肉巻きのように、ちくわに豚バラ肉を巻いて焼けばOK。ちくわの穴の中にチーズを入れても。1本でもお腹が膨れます。

❸　かにかま卵

しょうゆ味の卵焼きにかに風味のかまぼこ「かにかま」を入れてかさ増しにします。かにかまは値段が安く、手軽に海鮮風の味わいに。

効率よい方法で手間を減らす

後回しにすると面倒！使った食器類はすぐ洗う

極小キッチンでスペースに余裕がない場合が多いひとり暮らしの部屋。だからこそ、使った食器や鍋はすぐに洗って拭き、片付ける習慣をつけましょう。

食器は裏側を洗い残しがちなので、重点的に洗ってしっかり拭きます。カレーなどガンコな油汚れは、鍋や皿を洗う前にキッチンペーパーで拭き取っておくと、洗い物がラクになります。鍋にこびりついた汚れは、洗剤を混ぜた水を中にためておき、食後に洗うと取れやすいです。

洗う習慣をつけたいのは、油汚れはたまると落ちにくくなりますが、使ってすぐならラクに落とせるからです。同じ理由で調理後か食後、コンロやシンクも汚れを拭き取りましょう。また、最近では1人用の食洗機も売られています。

✧ あと片付けをラクにする3つの習慣

何事においても「あと片付け」は面倒で、腰が重くなりがちです。ならば少しでも工夫して手間と時間を減らし、スピーディに処理する習慣を身につけましょう。

作りながら片付ける	クッキングシートやアルミホイルを使う	予洗いする
料理中のスキマ時間で、汚れ物を洗ったり、水気を拭いて棚に戻してしまいましょう。理想は料理と片付けが同時に終わることです。	フライパンにクッキングシートやアルミホイルを敷いて肉や魚を焼くと、フライパンが汚れにくく、洗う手間が省けます。	ご飯茶碗やカレー皿は時間がたつと汚れが落ちにくくなります。すぐに洗わない場合は、水に浸けておきましょう。

🔍 こんな方法も

盛り付けはワンプレートにする
食器をいろいろ使わずワンプレートにまとめて盛り付けるだけで、洗い物の数がグンと減ります。

そのまま食卓に出せる調理器具を使う
おしゃれな調理器具なら作ってそのままテーブルに出せるので、時短＆洗い物が少なくなります。

トレーを使う
食堂のように食器をトレーにまとめて出せば、こぼしてもテーブルは汚れず、片付けも簡単です。

> 最初は大変と思うかもしれませんが、慣れれば体が自然に動き、手早くできるようになりますよ

著者
阿古真理さん

節水しながら手早く食器を洗うには

食器を手早く洗うことが、すなわち節水につながります。そのためには洗う前の準備と、洗う手順が大切。ちょっとしたコツと工夫で洗い物の手間が省けるので、実践してみましょう。

● 洗い物の手順

❶ 食器の汚れを拭き取る

汚れをキッチンペーパーなどで拭き取っておくと、手間が半減して洗剤や水も節約できます。

❷ 汚れが少ない食器から洗う

汚れが少なく油汚れのない食器から洗い始めれば、スポンジやほかの食器が汚れにくく、スムーズに洗えます。

❸ 油汚れのあるものやフライパンなど調理器具を洗う

油でギトギトの食器や調理器具は最後に洗えば、スポンジの汚れも最小限で済みます。

❹ まとめてすすぐ

食器は洗剤で洗うごとに流さず、まとめてすすぐようにすれば、時短になり節水できます。

❺ 水気を切り、ふきんに並べる

シンクで軽く水気を切り、重ねずスキマを空けるようにふきんに食器をのせると、早く乾きます。

❻ 元の場所にしまう

食器や調理器具は置き場所を決めて、そこに戻すようにすると、使うときにサッと取り出せます。

時短&節水の ポイント

- 洗い物の手間が増えるので、食器は重ねない
- 洗うたびにすすぐのではなく、まとめてすすぐ
- すすぎの水がかかる位置にすすぐ前の食器を置く

> ！
>
> 使ったスポンジは洗剤で洗い、熱湯消毒を。水気を切ってよく乾かす

材質別・鍋やフライパンの焦げつきの落とし方

料理をしていると「鍋の焦げ」は避けられません。ゴシゴシこすっても、強力な洗剤を使っても取れない焦げは、実はコツさえ知っていれば身近なもので落とすことができます。材質別に解説します。

鉄

から焚きする

洗った鉄鍋を火にかけ、煙が出るくらいまでから焚きします。鍋が入るサイズのボウルかシンクに水を張り、から焚きした鍋を入れて冷まします。冷めたら水とたわしで焦げを落とします。

アルミ

お酢を使う

鍋に水を入れ、大さじ2〜3杯の酢を入れて、焦げがひどい場合は酢と同量の台所用洗剤も入れます。沸騰させて少しすると焦げが浮いてくるので、スポンジでこすり落とします。

フッ素樹脂加工

水を入れて沸騰させる

フッ素樹脂加工はもともと焦げつきが少ない鍋ですが、もし焦げてしまったら、鍋に水（ひどい場合は少量の酢や重曹も）を入れて10分ほど弱火で煮つめ、その後やわらかいスポンジでこすり洗いします。

ホーロー・ステンレス・土鍋

重曹を使う

鍋に水を入れ、水1Lに対し大さじ1の割合で、重曹を先に入れてから火にかけます。沸騰したら火を止めて一晩放置します。翌日、通常通り洗います。

> 焦げつくとついゴシゴシやりたくなるけれど、金属たわしは表面に傷がついてしまうよ

ラクに調理でき日持ちする食材をストックしておく

出かけることさえできれば、総菜や外食の選択肢がある町は多くなりました。出前などの宅配サービスもあります。しかし、朝起きたら発熱していたなどの病気やケガ、大雨や災害で買い物に行けない、経済的に厳しいなど、そうした選択肢が使えない緊急事態は起こり得ます。

普段から、レトルトのおかゆやパスタソース、缶詰、冷凍食品といった日持ちし、調理がラクな加工食品は1週間分を目安に買い置きしておきましょう。

米や麺類などの主食があれば、何とかなる場合は多いです。このときばかりは、栄養のバランスは二の次に。キャベツや玉ねぎなど、安くて比較的日持ちする食材を日常的に買い、レパートリーを増やしておくとよいでしょう。

症状別体調が優れないときの食事をマスター

体調不良のときにこそ、温かくて消化のよいもので栄養補給をしたいもの。少しでも食欲があれば簡単なものでもよいので、スープやおかゆなどを食べるとよいでしょう。

のどが痛む

のどごしがよく消化がよいもの

- 豆腐
- 卵
- 白身魚
- うどん
- ゼリー
- ヨーグルト

咳が出る

冷たいものや辛いものなど刺激になる食べ物は避ける

- 野菜のポタージュスープ
- ゆず茶

鼻水が出る鼻づまりがある

鼻の通りがよくなる温かい食べ物

- 野菜中心の鍋料理
- 野菜スープ

下痢症状・吐き気がある

のどを通りやすく消化のよいもの。食物繊維が多い食材。油っぽいものや冷たいものは避ける

- おかゆ
- 具のない薄味のみそ汁
- うどん
- 野菜スープ

発熱した

水分補給が最優先

- 経口補水液
- スポーツドリンク
- ゼリー
- ヨーグルト

! 水分補給を忘れずに

症状がつらいときは無理して食べないことが大事！ 水分をしっかり摂って、ゆっくり休もう

✧ 完全栄養食「卵」で不調を乗り切る

高タンパクで低脂質な卵は、コンビニでも手に入る身近で優秀な食材。しかもトロリとした食感がやさしく、風邪などで弱った体の栄養補給にもぴったりです。完全栄養食の代表「卵」で体調不良を乗り越えましょう。

白身に含まれる
酵素に有害な
ウイルスを溶かす
働きがある

消化によく
胃腸に負担が
かかりにくい

タンパク質が
豊富で疲労
回復効果がある

ビタミンCと
食物繊維以外の
栄養素を
すべて含む

免疫力向上
作用のある
ビタミンA・ビタミンK
が含まれる

● 風邪のときに卵を
　食べる際のポイント

・胃腸に負担がかからないように、半熟卵、卵とじなどやわらかな状態になるまで火を通して食べる

・卵に含まれていないビタミンCと食物繊維を含む野菜を一緒に食べる

● 風邪のときに食べたい卵料理

卵雑炊

材料（1人分）

ご飯…120g
溶き卵…1個分
水…300mL
白だし…大さじ½
しょうゆ…小さじ½
小ネギ（小口切り）
　…適量

作り方

❶ 鍋に水と白だしとしょうゆを入れて中火にかけ、沸騰したらご飯を加えてそのまま中火で加熱します。

❷ ご飯が水分を吸ってやわらかくなったら、弱火にして溶き卵を回し入れます。

❸ 全体をかき混ぜ、卵が固まってきたら火を止め、器に盛り付け小ネギを散らしてできあがりです。

卵としょうがのスープ

材料（1人分）

溶き卵…1個分
しょうが…1かけ
長ネギ…適量
水…300mL
鶏がらスープの素
　…小さじ1
塩…少々

作り方

❶ 鍋に水と鶏がらスープの素を入れて火にかけ、沸騰したら、長ネギのみじん切りとすりおろしたしょうがを加えます。

❷ ①に溶き卵を回し入れ、卵が好みのかたさになったら火を止めます。

❸ 塩で味を調えたらできあがりです。

Q & A

1日何個まで食べていいの？

明確な決まりはありませんが、目安として卵は1日2〜3個までOK。タンパク質やビタミン・ミネラルなど必須栄養素がたっぷり詰まった卵は、他の食材とも相性がよいのでひとり暮らしの大きな戦力です。

割った卵に血が混じっていた。食べても大丈夫？

心配になりますが、正常な鶏が産む卵によく見られる現象。鶏にストレスがかかったときに毛細血管に傷がつき、その血液が付着したものなので、食べても問題ありません。心配なら取り除くか加熱しましょう。

非常時にも役立つ常備しておきたい麺類

体調不良や非常時でガスや電気が使えないとき、役に立つ麺類。日持ちする乾麺や冷凍麺は非常食にもなるので、ひとり暮らしなら常備しておきたい食品です。いつもとはちがう麺類の調理方法を紹介します。

乾燥スパゲッティ

太さ1.6〜1.9mmがポピュラーで、標準的なゆで時間は9分です。

ガスや電気が使えないときの調理方法

ゆでずに水で戻す

スパゲッティをゆでずに水に40分以上浸けます。加熱せずに食べられるレトルトパウチのパスタソースを絡めればOK。

冷凍うどん

通常は電子レンジや沸騰したお湯で1分ほどゆでて解凍します。自然解凍や流水解凍するとコシが失われる場合も。

ガスが使えないときの調理方法

ポリ袋

高密度ポリエチレン袋に冷凍うどんと氷を3つ入れ、139ページの方法で5分ほど湯せんする。めんつゆと納豆・卵などをかけてぶっかけうどんに。

そうめん

のどごしがよく、消化によいので、風邪のときにも重宝します。冬は温かいにゅうめんにするのがおすすめ。

ガスがあまり使えないときの調理方法

フライパンで10秒

沸騰したたっぷりの湯にそうめんを入れ、10秒かき混ぜたら火を止めてフタをします。5分たったらザルに上げ、流水で洗いぬめりを取ります。

> カセットコンロとボンベを常備しておけば、非常時でも調理できるね

> ひとり暮らしのストック食材は25ページ、1週間を乗り越えるために必要な備蓄は31ページをチェック!

麺類のトッピングにもおすすめ! ご飯がすすむ簡単ふりかけ

香味野菜などで大人のふりかけを手作りしてみましょう。常備しておけば、いざというときにご飯や麺のトッピングに使えます。保存期間は、いずれも冷蔵で1週間、冷凍で1カ月程度です。

ツナ ✕ しょうが

しょうが½かけをみじん切りして、ツナ缶1缶(汁ごと)と一緒に炒めます。お好みでしょうゆや砂糖を加えて汁気がなくなるまで炒めます。

しらす ✕ 大根葉 ✕ かつお節

大根葉は細かく切り、しらす・かつお節と一緒にごま油で汁気が飛ぶまで炒めます。味付けはしょうゆでもめんつゆでもOKです。

大葉 ✕ じゃこ ✕ ごま

大葉は千切りにして、じゃこと同量を用意。ごま油で大葉とじゃこを炒め、砂糖・しょうゆ・みりんなどで味付けをしたら、最後にごまを加えます。

 ### とろろ昆布と梅干しの即席吸い物

材料(1人分)

とろろ昆布…適量
梅干し…小1〜2個
しょうゆ…小さじ1
熱湯…150mL

作り方

❶ お椀にとろろ昆布、梅干し、しょうゆを入れます。お好みでかつお節やごま、塩昆布などを加えてもよいでしょう。

❷ 食べる直前にお椀に熱湯を注いで、梅干しをほぐしながら食べます。熱湯の代わりに「こんぶ茶」でも。

最小限の資源と道具でできる「ポリ袋調理」とは？

まな板や包丁を使わずに材料を用意し、ポリ袋で料理が完結する「ポリ袋調理」。災害時やキャンプでも使え、時短にもなる調理方法です。ひとり暮らしにも役立つポリ袋調理に挑戦してみましょう。

用意するもの
- 高密度ポリエチレン製のポリ袋など湯せんに適したもの
- ガスコンロまたはカセットコンロとガスボンベ ● 鍋 ● 耐熱皿 ● 水 ● トング ● キッチンバサミ

1 材料をポリ袋に入れる

ポリ袋に材料を入れ、根元からねじり上げ、空気をしっかり抜いてから袋の口に近い部分で結ぶ。

POINT
食材は厚さが均等になるよう平らに入れて！

2 水を入れた鍋に入れフタをして湯せんする

鍋底に耐熱皿を敷き、水を入れた鍋で湯せんする。袋の口も湯の中に入ってOK。鍋にはフタをする。

POINT
水の量は鍋の⅓に。ポリ袋を入れて少なかったら足す

3 できあがったら袋ごとお皿に盛り付ける

やけどしないようトングなどで取り出したら、結び目の下をキッチンバサミで切る。お皿にそのまま盛り付ける。

お米の炊き方

材料（1合分）

無洗米…1合（150g）
水…1カップ（200mL）

手順

❶ ポリ袋に米と水を入れ、空気を抜いて口を結ぶ。

❷ 鍋底に耐熱皿を敷き、水を入れてフタをして湯せんする。

❸ 沸騰したら中火にし、20分たったら火を止める。10分間蒸らしたらできあがり。

● ポリ袋調理で作るお助け料理

ツナとキャベツのトマトソースパスタ

材料（1人分）

スパゲッティ（1.6mm早ゆでタイプ）
　…1束を半分に折ったもの
塩…少々
トマトジュース（無塩）…100mL
コンソメ（顆粒タイプ）…小さじ1
キャベツ…1枚
ツナ缶（油漬け）…1缶

ポリ袋に材料をすべて入れ、空気を抜いて口を結ぶ。袋に表示されているパスタのゆで時間＋5分間、湯せんにかけたらできあがり。

忙しいときやる気がないときにも

一汁一菜定食を1つの鍋で！

❶サバのみそ煮

材料（1人分）

サバの切り身…1切れ
しょうが（薄切り）…2枚
砂糖…小さじ½
しょうゆ…小さじ½

ポリ袋に材料をすべて入れ、口を結んで鍋に沈める。沸騰したら中火にし、15分加熱。

❷具だくさんみそ汁

材料（1人分）

大根…30g　　長ネギ…適量
にんじん…15g　水…1カップ
ごぼう…10g　　（200mL）
キャベツ…1枚　顆粒だし…小さじ⅓
　　　　　　　みそ…小さじ2

食べやすい大きさに切った材料をポリ袋に入れたら口を結んで鍋に沈める。沸騰したら中火にし、5分加熱。

❸ご飯（上の「お米の炊き方」参照）

①サバのみそ煮、②具だくさんみそ汁、③米の入ったポリ袋を1つの鍋で同時に湯せんする。沸騰後、それぞれの袋を時間通りに取り出せばOK！

参考：農林水産省ホームページ「時短にも非常時にも！パッククッキング」

わたしの家事スケジュール

**思いがけず
おいしい食事を
作れたときがせつない**

平日

7:00	起床、ゴミ捨て、コーヒーの豆を挽く
7:30	朝食準備、朝食
8:30	朝食の片付け、風呂掃除
9:30	仕事開始（在宅ワーク）
12:00	昼食準備、昼食
12:30	昼食の片付け
13:00	仕事（取材など）
17:00	買い物、炊飯器のセット
19:00	夕食準備、夕食
19:30	仕事（在宅ワーク）
22:30	入浴
23:00	夕食の片付け
23:30	灯油ストーブの灯油を補充
23:45	ホームベーカリーのセット
24:00	就寝

時間がないときは
グラノーラと
牛乳で簡単に

灯油ストーブの
灯油を補充
することは、
北国の冬
ならではの
家事だね

A.Dさん
（46歳・個人事業主・福島県在住）
ひとり暮らし歴2年

家事は生活するために必要なことですが、誰かがやってくれるのであれば助かるし、ありがたいなと感じます。ひとり暮らしでしんどいのは、思いがけずおいしいご飯が作れたとき、ほかに食べてくれる人がいないことです。

休日

7:30	起床、ゴミ捨て、コーヒーの豆を挽く
8:15	朝食準備、朝食
8:30	朝食の片付け
9:00	洗濯、居室の掃除機かけ、風呂掃除、トイレ掃除
12:00	昼食準備、昼食
12:30	昼食の片付け
16:00	洗車、買い物
17:00	洗濯物の取り込み、炊飯器のセット
19:00	夕食準備、夕食
22:00	入浴
22:30	夕食の片付け
23:00	灯油ストーブの灯油を補充
24:00	就寝

洗濯機を回し
ながら掃除を
済ませます

好きな家事トップ3

1位　特になし

2位　コーヒーの豆を挽く
おいしいコーヒーが飲めるから。

3位　料理
自分が食べたいものを適当に作れるから。

苦手な家事トップ3

1位　特になし

2位　食事のあと片付け
やる気にならないので。

3位　居室の掃除
時間に余裕がないとやれない。

家事の工夫

数日間持つ料理を作るようにしています。鍋やカレーも一度作れば、2、3日食べられます。出張が多いので、なるべく冷蔵庫に生鮮食品を残しません。洗濯は、少量でも天気がよくて時間の余裕があるときはやっています。

片付け・
整理収納の基本

自分の好きなものしかない、
すっきりと片付いた空間で暮らせることは、
ひとり暮らしの醍醐味！
心地よい部屋で、快適な生活を実現しましょう。

監修／寺田こうこ（整理収納アドバイザー）、
　　　岡本あつみ（整理収納アドバイザー／ルームスタイリスト）

ものが増えて片付けの負担も増えた

高度経済成長期から庶民も「もの」を持つ暮らしへ

関東大震災のとき、逃げ惑う群衆の中には家財一式を背負う、大八車に積む人たちがいました。当時の庶民の家財が、自分で運べるほど少なかったからです。

ところが高度経済成長で豊かになり生活が洋風化すると、庶民ももののをたくさん持つようになります。タンスや食器棚、子ども用の学習机など家具も買いそろえます。ものが増えたので、整理整頓して片付けをする負担が大きくなったのです。

ものをあまり持たず、修理しては使う歴史が長かった日本人には、「捨てるのはもったいない」という気持ちが染みついた人がたくさんいます。ムダなものを持ちすぎた生活はつらい、いらないものは捨てよう、と主張する片付けの専門家が登場したのは2000年以降です。

片付けが家事の仲間入りをしたのはいつ?

2000年代に片付けの専門家が登場すると、空前のお片付けブームが到来しました。この頃から、捨てることによる片付けが推奨されるようになりました。

● 2000年以降に登場したおもな片付けの専門家

辰巳 渚さん	『「捨てる!」技術』(宝島社/2000年発売)の著者。「片付けブーム」の先駆者として、ものを持ちすぎないシンプルな暮らしを提唱した。
やましたひでこさん	ヨガの行法哲学である「断行・捨行・離行」を片付けに落とし込んだ「断捨離®」の生みの親。『新・片づけ術 断捨離』(マガジンハウス/2009年発売)が大ヒット。
こんまり (近藤麻理恵)さん	「ときめくものを残す」という視点で片付けをする「こんまり®メソッド」で一躍人気に。『人生がときめく片づけの魔法』(サンマーク出版/2010年発売)は世界中で翻訳された。

2000年以降は、ものに支配されないことが生活を豊かにするという考え方が広まったよ

昭和時代までは、持つことが豊かさの象徴だったよね

2 そろえるものは最低限に "持たない暮らし"が家事をラクにする

スペースを取るものはレンタルを活用する

若い時代のひとり暮らしは、基本的に仮住まい。暮らし始める際は、1週間、1カ月といった長期旅行をするつもりで、そろえるものは最低限にしましょう。

ちゃんとした家具を買っても、将来処分しなければならない可能性が高いので、収納はスペースに合わせてサイズや置き方を選べて低価格のボックス類がおすすめ。親や友人が泊まるときの布団もレンタルすれば、場所を塞がずに済みます。

ものがあふれた部屋は、ホコリがたまりやすく掃除も面倒になります。ぎゅうぎゅうにつめ込むと出し入れしにくくなり、探す手間もかかります。基本的にものは収納スペースの最大8割まで、と考えましょう。素敵な暮らしをしたいなら、なおさら持ち物は厳選したいですね。

✨ ものを増やさないようにするためのアイデア

ひとり暮らしの限られたスペースでは、ものを増やさないようにするためのマイルールを持つことが大切です。

● ひとり暮らしのみんなの工夫

> 食器も服も本も「収納できるだけ」と決めて購入。新しいものを買うときは何か1つ処分するようにしている。（30代 女性）

> 欲しいものがあってもすぐに買わずにあるもので代用できないかを考える。テレビはパソコンがあれば十分。鍋でご飯を炊けることがわかり、炊飯器も買わずに済んだ。（30代 女性）

> ゴミ箱は大きめのものをキッチン横に1つだけ。三角コーナーも居室用ゴミ箱もないけれど不便を感じたことはない。（20代 男性）

> 2年以内に海外留学する目標があり、冷蔵庫、電子レンジ、洗濯機、テレビ、ベッドはすべてレンタル。家電・家具のレンタルは充実している。（20代 女性）

🔍 こんな方法も

家電のサブスク

毎月定額で家電を長期間借りられるサブスク。最新の家電を使うことができるうえに、気に入ればそのタイミングで購入することもできます。

> これからひとり暮らしを始める人は、新しい部屋に運び入れるものを厳選しましょう！

整理収納アドバイザー
寺田こうこさん

必要か不要かの判断は 心が動くかどうか

家に置くのは、基本的に必要なものと好きなものだけにします。なんとなく買った、あるいは人にもらったが使わないものは、できるだけ手放しましょう。

好きかどうかを判断する基準は、そのものに対して、心が動くかどうか。好きなら残しておき、嫌いなら手放します。

迷うものは、まとめて段ボールに入れて日付を書き、1年間目につかないところに置いておきます。開封しなかったら、それは不要。自分がしたい暮らしに合わないものも、不要と言えます。

親に持たされたが使わないものは、親に話したうえで処分するか返却し、好みに合わないいただきものは、気持ちだけ受け取り手放しましょう。大切なのは、自分が快適に暮らせる環境です。

収納する前に整理する

整理収納の手順で最も重要なのが、初めに残すものと手放すものを仕分けすることです。以下の手順に従って、気になる場所を片付けてみましょう。

● 整理収納の手順

STEP 1 ものをすべて取り出す

POINT
- 「1時間だけ」「靴箱だけ」などと、時間や場所を区切って行う
- 引き出しが複数ある場合は一度に片付けようとせず、引き出し1つずつ整理収納する

STEP 2 残すものと手放すものとに 整理（仕分け）する

POINT
- 「使う」「使わない」で分ける
- 「好き」かどうかで分ける

> 整理せずに収納すると、余計なものまでしまい込むことになります。これが片付けを困難にします

STEP 3 収納する

POINT
- 使用頻度や使用目的ごとのグループ分けを考えながら収納する。
- よく使うものは腰の高さに置くなど、使いやすい場所にしまう

整理収納アドバイザー／
ルームスタイリスト
岡本あつみさん

残すものを選ぶ基準はいたってシンプル

慣れるまでは、残すものを選ぶことが難しく感じられるかもしれません。また使うかもしれないという思いや捨てることへの罪悪感が生まれる場合もあるでしょう。ポイントは、「好きかどうか」。好きなものは残します。

残すもの	手放すもの
好き	好きじゃない

やっかいなのは好きでも嫌いでもないもの。そういったものが家の中にたくさんあることによって散らかっているのです

整理収納アドバイザー／ルームスタイリスト
岡本あつみさん

"好きなもの"は
多くの場合……

- 持っていると気分が上がる
- それがあることで暮らしが豊かになる
- それがないと自分らしく暮らせない

"好きじゃないもの"は
多くの場合……

- 使うシーンが多くない
- ほかに代用できるものがある
- いくつも数があるため、使い切れない

● ものを手放す基準チェックリスト

- [ ] 壊れている
- [ ] 見た目や使い心地が好みではない
- [ ] 数年使っていない
- [ ] 今のライフスタイルに合っていない
- [ ] 期限が切れた
- [ ] もらったけれど使っていない

自分の中の基準を
作っておくとよさそう

著者
阿古真理さん

迷ったときは「保留ボックス」へ入れる

残すか手放すか迷ったときは、保留ボックスに一時保管します。ただし、保留ボックスは1年に1度など期間を決めて、定期的に見直しをしましょう。

保留ボックスに入れるもの

- 残すか手放すかの決断に5秒以上かかる
- 捨てたら後悔しそうである
- 思い出に残っている

用意する
保留ボックスの数と
見直しの時期を
決めておきましょう

整理収納アドバイザー
寺田こうこさん

捨てる・売る・譲る・寄付する

必要なものだけが残れば余計な買い物が減る

部屋の片付けが目的なら、不要品を手放す一番いい方法は捨てることです。リサイクルショップに出す、フリマサイトで売るなどの方法は、売れない可能性もあるので片付かないかもしれませんし、迷って結局捨て損ねる結果もあり得ます。

捨てるときは、罪悪感を抱くかもしれません。その場合、罪悪感の原因と、なぜそれが不要なのか、自分の気持ちを掘り下げてみましょう。次にものを買う際に、余計な買い物をしにくくなります。ものに出合ったとき、本当に欲しいか、必要か、そして家のどこに収納できるかを考える習慣がつけば、ムダな買い物をしなくなっていきます。捨てるものは自分に勉強をさせてくれた、と思えば罪悪感は軽くなるかもしれません。

ものを手放す手段いろいろ

ものを手放す手段は、大きく分けて3つあります。ただ捨てるのではなく、売ったり譲ったりして誰かが使い続ければ、ゴミになる時期を延ばすことができます。

捨てる
- 市区町村のゴミ収集（一般ゴミ）
- 市区町村の資源回収（新聞、雑誌、段ボール、衣類など）
- 市区町村の粗大ゴミ回収（最大辺がおおむね30cm以上のもの）

売る
- フリマサイト（衣類、ホビー、エンタメ系商品など）
- ネットオークション（限定品やコレクターグッズなど）
- リユースショップ（ブランド品や貴金属など）
- ネット買い取りサービス（書籍、CD、ゲーム、衣類、貴金属など）

譲る
- 家族、友人、知人にあげる
- 地元の掲示板サイト（大型家電や家具など）

こんな方法も

寄付する
日用品や衣料品を寄付することで、必要としている人のもとに届けてもらえます。発展途上国の子どもたちにワクチンを寄付できるサービスもあります。

アパレルメーカーのリサイクル、リユースシステムを利用する
ユニクロや無印良品では店舗に回収ボックスを設置し、自社の衣料品回収を行っています。H&Mでは、ブランドや状態を問わず不要となった服やタオルを回収しています。

不要品回収業者を利用する
不要品回収業者は、家電製品や家具、生活用品など、廃棄が必要なものも含めまとめて回収してくれます。依頼には、回収費用がかかります。

✧ 適した不要品の手放し方を知ろう

手放すものの状態や種類によって、適した手放し方があります。下のチャートで、不要品の手放し方をチェックしてみましょう。

● 不要品の手放し方チェックチャート

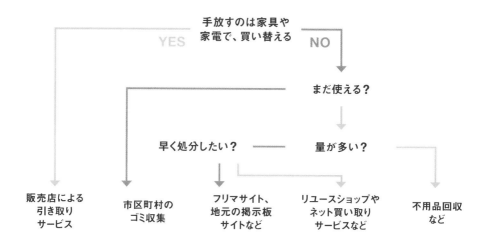

💡 市区町村によるリユースの取り組み

近年、自治体とリユース企業が連携したリユース事業が拡大しています。例えば東京都墨田区では、不要品の一括査定サイト「おいくら」と協働し、不要品を処分費用を払って粗大ゴミとして処分する前にリユースする取り組みを行っています。お住まいの自治体のリユース事業を探ってみましょう。

✧ 手放す理由と向き合い、次の買い物に活かす

まだ使えるものを手放すときにその理由を考えてみましょう。傾向を知ることでムダな買い物を防ぎ、必要以上にものを増やさない暮らしにつながります。

● 手放す理由の例

色が好みでなかった

使う機会がなかった

勢いで買ってしまった

今の自分には必要でなくなった

ものが多すぎる空間に暮らしていると、脳が疲れます。探すのが大変ですし、結局見つからず、また新たに買うことに。ものは厳選して持ちましょう

整理収納アドバイザー
寺田こうこさん

よく使うものは目線の高さに置く

片付けやすい部屋をつくるうえで大切なのは、どんな暮らしをしたいのか考えることです。自分の性格も重要で、整理整頓が苦手なら、用途別にポンポン入れられるボックス類を活用。取り出しやすさ優先なら、オープン棚や吊るす収納で、目につく場所に飾る方法もあります。

最初に置き場所を決め、よく使うものは目線に合わせた取り出しやすい高さ、重いものは下、軽くて普段使わないものは上に収納します。基本的に使う場所に収納するのがよいですが、置き場所がない場合は、できるだけ使う場所の近くで1カ所にまとめます。

趣味のものもまとめて飾れば、散らからず、好きなものを眺められるお気に入りの空間になるのではないでしょうか。

✧ 収納用品の種類

衣類、食器、日用品、書籍など、生活に必要なものをしまう場所が収納用品です。収納用品は大きく分けて3つあります。

かごや箱に入れる ホックス収納	扉がない オープン収納	扉や引き出しのある 隠す収納
◯ メリット	◯ メリット	◯ メリット
• ポンポン入れるだけなので片付けの手間がかからない	• どこに何があるのかわかりやすい	• オープン収納に比べて収納力が高い
• ものに合わせて収納できる	• ものを取り出しやすくしまいやすい	• 扉や引き出しを閉めることで生活感を隠せる
• 増やす、減らす、位置移動が容易で、暮らしの変化に対応しやすい	• 収納しながらディスプレイを楽しめる	• ホコリがたまりにくく掃除の頻度を減らせる
	• 通気性がよくカビが生えにくい	
✕ デメリット	✕ デメリット	✕ デメリット
• カテゴリー分けするなど、中に入れるものを決めないと、箱の中がゴチャゴチャする	• ホコリがたまりやすい	• ワンアクションで取り出せない
• 色やサイズをそろえないと、雑多な印象になる	• 地震による落下の危険性がある	• 収納ルールを決めて管理しないと探しものが増える
	• 日焼けによって劣化する場合がある	• 目につかない分不要品が増えてしまう場合もある

使用頻度と使う場所で収納場所を決める

収納場所とは、言い換えればものの定位置のことです。ものの定位置を決めるポイントは、使用頻度が高いものを取り出しやすくすることと、使う場所に使うものを置くことです。

● 使用頻度別・ものの収納場所

使用頻度	収納するものの重さ	
低	軽	**何年も使用していないものや年に1回程度使用するもの** • オフシーズンの衣類 • 利用頻度の少ない食器など
中		
高		**毎日使用するものなどもっとも使用するもの** • オンシーズンの衣類 • 日常使いの食器 • 利用頻度の高い家電（オーブントースター、炊飯器など） • 調味料、常備食材など
中		**月1回程度使用するもの** • 利用頻度の少ない調理器具 • 本、雑誌、マンガなど • 非常食など
低	重	

● 使う場所に使うものをまとめて置く

使う場所

使うもの

例：コーヒーを飲むときに使うもの
- コーヒー豆
- コーヒーミル
- コーヒードリッパー
- ペーパーフィルター
- ケトル
- メジャースプーン
- カップ

ひとり暮らしにピッタリ！ 意外な収納テク

ひとり暮らし向けの賃貸物件では、収納スペースの確保がままならないことも多いので、一般的な収納場所にこだわらずに、使いやすさで置き場所を選ぶのも1つの手です。

オフシーズンのコートやダウンなどかさばるアウターは旅行用のトランクに収納している。
（20代 女性）

ほとんど自炊はしないので、キッチンの引き出しに通帳や印鑑、保険の証書などを入れている。
（20代 男性）

フィギュアでもスニーカーでも推しのグッズでも、趣味のモノはコレクションコーナーを作って一カ所にまとめておくのがおすすめ！

玄関の靴箱と壁のちょっとしたスキマにつっぱり棒を設置してバッグやコート、マフラーなどを吊るして収納。帰宅後そのまま収納できてラク！
（30代 女性）

洗面所に下着、アクセサリーなどを集結。身じたくがラクになった。
（40代 女性）

整理収納アドバイザー
寺田こうこさん

狭いスペースにスッキリ収納するには

欲しいものがあったら収納に収まるかどうか考える

クローゼットやパイプハンガーに洋服を掛ける際、丈が短い衣類をまとめれば、その下にボックスが置けるので、下着やその他のたたむ衣類を収納してはいかがでしょう。棚があれば、帽子やバッグの置き場所にするなど、身に着けるものをひとまとめにできるので管理がラクです。

衣類・装身具類はついため込んでしまいがち。欲しいものに出合ったら、買う前に収納に納まるかも考えましょう。

ときどき、カーテンレールに衣類を掛けている部屋を見かけますが、窓を開け閉めしにくくなり、部屋が暗くなるうえ、衣類が日焼けして傷んでしまいます。つっぱり棒などで新たに収納場所を作るか手持ちの衣類を見直し、たためるものや捨てられるものがないか考えましょう。

✨ クローゼット・押し入れのコンパクトな収納術

少しでも収納力をアップするために、吊り下げ収納や引き出し収納を使って衣類を収納します。衣類の収納方法は92ページもチェック！

● コンパクトなクローゼットの収納例

枕棚　オフシーズンの寝具やスノーボードウエアなど年に数回着る服。布団は圧縮袋、衣類は不織布の収納袋にしまう

中段　メインの服を吊り下げて収納。コートなど丈の長いアウターを掛けるスペースも確保する。小物は吊り下げ収納用の収納ラックを使うとスッキリまとまる

丈の長いコート

下段　引き出し収納に下着類やオフシーズンの服などを収納

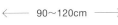

← 90〜120cm →

枕棚に衣類を収納する際は、軽くて上げ下ろしがラクな不織布の衣装ケースがおすすめ！

💡 ハンガーを統一すると収納力がアップする

衣類ハンガーは、同じ種類で統一すると、ムダな空間が減って、クローゼットの省スペース化につながります。見た目もスッキリして、服選びが楽しくなりそうです。厚みがなく、服がかさばらない、すべりにくいものを選びましょう。

整理収納アドバイザー
寺田こうこさん

✧ 収納スペースに収まる分しか持たない

手持ちの服の量を決めて、それ以上は増やさないようにすると、ワンルームや収納スペースが限られた部屋でもスッキリと暮らせます。「収納スペースに収まる分だけ」「○枚だけ」など、自分に合ったルールを決めましょう。

服を買うときのポイント

- ☐ **基本的には買い替えるときにしか買わない**
- ☐ **迷ったときは買わない**
- ☐ **手入れがしやすく、着回しのきく ベーシックなデザインの服を選ぶ**
- ☐ **着用シーンに合わせて、適した素材の服を選ぶ** (繊維の種類と性能は94ページをチェック！)

● 循環するクローゼット

着古した服　　　　　　　　　　新しい服

「新しい服を買ったら、古い服を1着手放す」というルールにすれば、常にスッキリとしたクローゼットをキープすることができます。手放す服がなければ買わないという流れを作ることもできるでしょう。

服を手放すときのポイント

- ☐ **汚れや破損、色あせがある**
- ☐ **2シーズン以上着ていない**
- ☐ **サイズが合わなくなった**
- ☐ **似合わなくなった**

> 服の適正量を
> 把握する方法は
> 97ページをチェック！

💡 服にも寿命がある

ものの多くが新品同様の状態を保ち続けることが難しいように、服も経年劣化します。着用頻度や取り扱い方法によっても異なりますが、色落ちや毛羽立ち、破れ、ヨレヨレになるなどの様子が見られたら経年劣化のサイン。手放すことを検討してもよいかもしれません。

✧ 収納スペースがぎゅうぎゅうになるまで服を持つとどうなる？

収納スペースいっぱいに服を収納すると、服が劣化するだけでなく、カビやダニの原因になったり、管理や服選びが難しくなったりと、手間がかかるようになります。

✕ デメリット

- 通気性が悪くなり、湿気がたまるとカビやダニの原因に
- 服選びが難しくなる
- 洗濯やクリーニングなど管理に手間がかかる
- 管理が行き届かなくなり、似たような服を買うなど、ムダ遣いが増える

> 服を持ちすぎている
> と思ったら、
> まずは好きか嫌いかで
> 服を1軍と2軍に
> 分けてみましょう！

整理収納アドバイザー／ルームスタイリスト
岡本あつみさん

多用途で使える調理器具を選んでものを増やさない

キッチンツール選びは少数精鋭が大事。

鍋としても使える深めのフライパンなど、用途を兼ねられるツールが便利です。

ひとり暮らし用の部屋はキッチン自体が狭い場合が多いので、壁に吊るす、ムダなスキマができにくい四角いボックスに立てる、など立体的に収納しましょう。

吸盤式のフックは汚れやすく壁から落ちやすいので、マグネットがおすすめ。後ではがせるマグネットシートも市販されています。キッチンの下も、排水管をよけられる組み立て式の棚やコの字型ラック、ボックス類を活用すれば、収納力が上がり出し入れもしやすくなります。食器類を入れる棚は、汎用性がある組み立て式のオープン棚なら、暮らしが変わっても別の用途で活用できて便利です。

✧ 使いやすいキッチンをつくるワンアクション収納

キッチンでは、ものの出し入れを1つの動作で行えるワンアクション収納にすると使いやすく、作業効率が上がります。

同じ"フライパンを取り出す動作"でも……

ワンアクション	ツーアクション
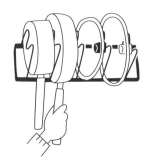	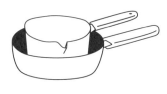
フライパンや鍋をスタンドや書類ケースを使って立てて収納すれば、片手でサッと取り出すことができます。	重ねて収納した場合、フライパンを取り出すには、まず鍋を移動する必要があります。動作は「どかす」「取り出す」の2つになります。

◯ メリット

- 出し入れがしやすいので調理がラクになる
- 定位置が決まるので片付けやすくなる
- どこに何があるのか一目瞭然なので探しものが減る

✨ キッチンツールの収納は壁面を最大限活用する

フライ返しやお玉、計量カップなどのキッチンツールは使いたいときにすぐに手に取れるよう、キッチンの壁に吊り下げ収納する方法が便利です。なお、素材によっては引火しやすいため、火元の近くは避けるようにしましょう。

● 壁面収納の例

すのこ × S字フック

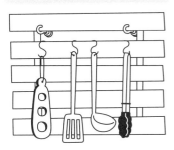

100円ショップで手に入るすのこを冷蔵庫の側面に高耐荷量のマグネットフックで取り付けます。キッチンツールはS字フックで吊り下げ収納にすればOK!

マグネットシート×マグネットフック

貼ってはがせるタイプのマグネットシートを壁に貼り、マグネットフックでキッチンツールを吊り下げます。

ツールを固定する磁力のある厚さ1mm以上のマグネットシートがおすすめ

お玉やフライ返しなどのキッチンツールであれば耐荷重500g以上のマグネットフックが安心

マグネット収納なら、すぐに使いたいキッチンツールをサッと手に取れて便利!

✨ キッチン下収納はいかにデッドスペースをなくすかがカギ

シンク下収納は空間が広い分、ゴチャつきやすく、デッドスペースも生まれがちです。便利な収納用品を活用して、賢く収納しましょう。

扉裏を調味料置き場に

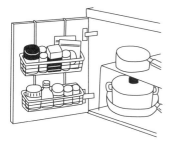

キッチン下収納の開き戸の扉裏にラックを取り付けて、調味料を収納。扉裏にしまうことで、作業スペースもスッキリ片付きます。

コの字型ラックで収納力をアップ

コの字型ラックを使えば、上部の空間を有効活用し、収納力を2倍に。取り出しやすさもアップします。ラックは伸縮タイプが便利です。

扉裏はゴミ袋ホルダーをつけたり、ラップやフリーザーバッグ置き場にするのもいいですね

整理収納アドバイザー
寺田こうこさん

水あかやヌメリの防止にもなる収納術

ひとり暮らし向けの部屋は、トイレ・洗面所・浴室が一体になっている場合があり、水回り空間に収納自体がないことが少なくありません。水回り空間に置くものは、あらかじめ厳選しましょう。

床には水が飛び散るので、シャンプーなどを置いていると、ボトルの底に水あかがたまりますし、床掃除も煩わしくなります。浮かせる収納がおすすめです。

浴室の壁面の多くはマグネットが使用できるので、浮かせる収納にするか、水回りのドアの外側にボックスなどを置き、シャンプー類や洗剤、トイレットペーパーなどを収納しておく方法もあります。

この場合も、できるだけ1カ所にまとめることが、ものを探し回らずに済むうえ管理もしやすいのでおすすめです。

◇ 水回りは"浮かせる収納"一択!

水あかやヌメリで汚れがちな水回りは、マグネットフックやS字フックなどを使って浮かせる収納にすると、省スペースに。汚れにくく、掃除もラクです。

● 水回りて"浮かせる収納"にするメリット

**空間をムダなく
使うことができる**

**コップやシャンプーボトルなどの
水気を早く切れて衛生的**

掃除がラクになる

> わが家ではトイレタンクの
> 後ろ側にシールタイプの
> フックを取りつけて、
> トイレブラシを掛けて
> 収納しています

整理収納アドバイザー／
ルームスタイリスト
岡本あつみさん

● みんなの浮かせる収納テク

> 壁面にくっつく
> マグネット付きの
> 風呂イスを
> 使っている
> (30代 女性)

> トイレタンクに
> フックをつけて、
> 消臭スプレーとトイレ
> 用洗剤を掛けている
> (20代 男性)

> 壁につっぱり棒を設置し、
> ネットバッグに入れた
> トイレットペーパーを
> S字フックで吊るしている
> (30代 女性)

100円ショップで発見！ イマドキの浮かせるグッズ

100円ショップには、便利な浮かせるグッズが充実しています。自宅の浴室や洗面所に合わせて、導入してみてもよいでしょう。浴室で使うなら、さびにくくカビが発生しにくいステンレス製がおすすめです。

浴室

S字フック

タオル掛けに引っ掛けるだけで簡単にものを浮かせる収納にできます。

ハンギングステンレスピンチ

先端がクリップになっていて、洗顔フォームなどチューブ容器を挟んで浮かせる収納にできます。

ハンギングステンレスボトル ホルダー

ボトル口に取り付ければ、ボトル容器をタオル掛けなどに引っ掛けることができます。

洗面器キャッチ

洗面器のフチの部分が引っ掛けられるグッズ。吸盤で壁に簡単に取り付けることができます。

洗面所

チューブしぼり

チューブ容器を挟んでくるくると巻き取ることで、中身を最後まで使えます。吸盤で浮かせる収納が可能です。

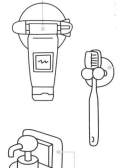

コップホルダー

タイルやガラス面などに何度も貼ってはがせるフィルムフックを取り付けて、コップを浮かせることができます。

歯ブラシホルダー

歯ブラシを挟めるタイプの吸盤で、洗面所のタイルなどに固定して使います。

吸着シートボトルホルダー

貼ってはがせる吸着シートでハンドソープなどが入ったボトルを壁に固定できます。

トイレも浮かせる収納に

汚れやすいトイレは、掃除しやすいようにできるだけ床にものを置かないことがポイントです。タンクや壁に取り付ける収納用品を使うと、トイレットペーパーや掃除用品をスッキリ収納できます。

除菌シートとトイレ用洗剤

タンクと壁につっぱり棒を2本渡せば、その上に除菌シートを置いたり、棒にはスプレー容器を引っ掛けることができます。

つっぱり棒が大活躍！

トイレットペーパー

タンクの側面に貼り付けるタイプのホルダーを使えば、トイレットペーパー収納に。

トイレ用ブラシ

伸縮棚を使えば、トイレブラシを浮かせる収納にすることができます。

伸縮棚が大活躍！

靴箱のない玄関は
シューズラックが便利

玄関のスペースも、ひとり暮らし用の部屋は狭く、靴箱がなかったり、靴箱を置くゆとりがなかったりする場合があります。靴を重ねて置くと傷むうえ取り出しにくいので、置き方を工夫しましょう。

段になったラック類を、たたきや入り口近くに置けば、収納力がアップします。ブーツやサンダルなど季節の靴を、使わない時期は買った際の靴箱に入れ、クローゼットなどの衣類置き場に置いておくのもよいですね。玄関ドアはマグネットが使えることが多いので、フックで傘や鍵をかけるとよいかもしれません。アウトドア用品は収納ボックスに入れます。使う頻度が低いけれど必要な場合は、お金がかかりますがトランクルームに預けることも考えましょう。

靴の収納力をアップさせる方法

靴の収納スペースが少ない場合は、シューズラックを追加したり、収納力を増やす収納グッズを使うようにしましょう。たたきに出す靴は1足だけにするのがベストです。

シューズラックを置く
玄関先のちょっとしたスペースに置けるシューズラックは、スタンド型が場所を取らず便利です。

シューズホルダーで2足分収納する
1段に靴を上下2足収納できるホルダーで収納力をアップ。ヒールの高いパンプスやスニーカーなど靴の種類が豊富な人は、靴の高さに合わせて調節可能なタイプが便利。

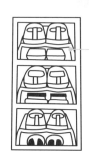

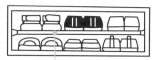

つっぱり棒で2倍の収納に
デッドスペースにつっぱり棒を2本渡して、上下に2足分収納する方法も。リーズナブルに収納力をアップしたい人に◎!

扉裏収納をプラスする
開き戸の靴箱の収納を簡単にアップする方法がこちら。ただし型崩れしにくい素材の靴を収納するようにしましょう。

✨ 忘れもの防止にもなる玄関ドアの "マグネット収納"

マグネットがつけられる玄関ドアであれば、ドア全体を収納スペースにすることができます。玄関で使うもののほかに、外出時に使うものをまとめておくと忘れもの防止にもなり、便利です。

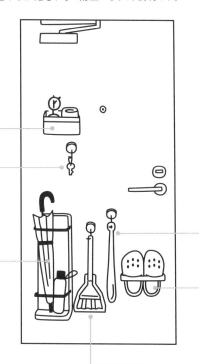

小物入れ
サングラスや手袋など、ちょっとした小物が入るケース。宅配便の受け取りサイン用のペンを入れても。

玄関扉を自転車の鍵の定位置にすれば、出がけにあわてる心配もありません

整理収納アドバイザー
寺田こうこさん

自転車の鍵
マグネットフックに自転車の鍵を引っ掛けて収納。防犯上、自宅の鍵は別の場所に保管しましょう。

靴べら
靴べらはマグネットフックで引っ掛けて収納。ワンアクションで手に取れて便利です。

傘
玄関に置くと場所を取る傘立ては、マグネット収納が便利です。長傘と折りたたみ傘が入るサイズで十分。

サンダル
ゴミ捨てなど、ちょっとそこまで出るときに使うサンダルも、たたきに出しっぱなしにせずにマグネット収納にすることで、スッキリした玄関を保てます。

Q & A

マグネットがつかない玄関ドアはどうする?
100円ショップで手に入る「マグネット補助プレート」を貼ればOK!　玄関ドアに跡が残らないように、マスキングテープを貼った上に補助プレートを貼るのがおすすめです。

掃除グッズ
玄関は砂やホコリで汚れがち。気づいたときにサッと掃除できるように、ほうきとちりとりもマグネット収納に。

● みんなの靴箱&玄関収納力アップ術

靴箱がないので
玄関に
コの字型ラックを
置いてお店みたいに
ディスプレイしている
（20代 女性）

ワイヤーラックを
DIYして
壁に取りつけ、
スニーカーを
並べている
（30代 男性）

夏は帽子、
冬は手袋を
玄関ドアにつけた
マグネットフックに
かけている
（40代 男性）

マグネット収納は
狭い玄関の
強い味方だね

10

紙類をため込まないためのコツ

郵便物や宅配便は届いたその日に確認する

郵便物や宅配便などのお届け物には、すぐに返事を出さないといけない大切なお知らせが入っている場合がありますし、生鮮食品が入っていることもあります。届いたその日に封を開け、中身を確認する習慣をつけましょう。

必要なお知らせは、ボードや冷蔵庫などにまとめて貼り、目につくようにしておきます。不要なものはすぐに捨て、残しておきたいものは、ファイルやボックスにまとめて収納しましょう。

本や雑誌は、読んですぐに手放すなら図書館で借りるのもよいでしょう。今後も読み返す資料や愛読書は、本棚もしくはカラーボックスなどにきちんと立てて保存すれば、傷みにくくなります。そこに書類置き場を作ってもよいですね。

🌸 保管期間に合わせて整理収納する

書類や郵便物は、まず、いるものといらないものとに選別します。さらに1カ月以内、1年ほど、1年以上など、保管期限ごとに整理すると管理がラクです。

● 書類や郵便物の仕分けの手順

保管期間の短いものは目につく場所に置いて定期的にチェックを!

処分する ← DM、チラシなど

不要

必要

整理収納アドバイザー
寺田こうこさん

保管期間が 1カ月以内	保管期間が 1年間	保管期間が 1年以上
クリップボード で一時保存	ボックス収納 に保管	ファイリング して保管
保管期間が短期間の場合はクリップボードに挟み、用が済んだものから処分していきます。	1年ほど保管する書類は項目ごとにクリアファイルに入れ、書類ボックスに立てて収納します。	保管期間が長期にわたるものは、ポケットファイルへ。1冊のファイルにまとめると管理しやすいです。
レシート、水道・ガス・水道光熱費など公共料金の明細書(※)、行政の広報誌など	給与明細書、銀行取引明細書、医療費の領収書や明細書、年賀状など	年金関連の書類、保険証券、証書、賃貸借契約書、自動車の名義やローン関連の書類など

※個人事業主の人は必要経費として計上した場合、税法上5年もしくは7年の保存義務があります。

判断に迷いがちな紙・書類の整理方法

紙を整理するうえで最も悩むのが、捨てていいかどうか。判断がつかないためにいつのまにか紙類が増えてしまう人は少なくないでしょう。迷いがちな紙や書類は、以下のように管理します。

取扱説明書	健診結果や検査結果	思い出として残しておきたいもの
古い製品でなければインターネットでチェックできるため、処分してOK！「トリセツ」という無料アプリに家電の型番を登録すると、取扱説明書をスマホなどで一元管理できます。	健康診断の結果は、そこに書かれている情報に価値があります。データ化して保存すれば、紙自体は不要。スキャン画像やスマホ画像をクラウドに保存します。	旅先で行ったショップカードやライブチケットなどは、通帳サイズの紙を保管できるポケットファイルに行き先ごとに保管。ノートに貼って、思い出を書き込んでもよいでしょう。

書籍・マンガ・雑誌は本当に好きなものだけ手元に残す

本も放っておくと増えてしまうものの1つ。場所を取るので、厳選して持つようにします。電子書籍で読めるものは、本当に好きなもの以外は手放すことを検討してもよいでしょう。

● 本の整理収納の手順

STEP 1

必要な本と不要な本に
仕分けする

POINT
・家じゅうの本をすべて1カ所にまとめる
・本を「書籍」「マンガ」「雑誌」にカテゴリー分けする

STEP 2

必要な本を
本棚に戻す

POINT
判断の基準は今読みたいか、何度も読みたいか、内容が思い出せるかどうか。思い出せない場合は思い切って手放してもよさそう。いつか読むかもと残してある本は、「すぐ読むグループ」として本棚の一番目立つ、そして手に取りやすい場所に戻す

2、3冊ならかごに置いて収納するのもよいと思いますが、本がたくさんあって、本好きならば、立てて収納するのが傷みにくくベスト

STEP 3

ネット買い取り
サービスや
フリマサイトを
利用する方法も

POINT
手放す本が10冊以上ある、早く手放したい場合はネット買い取りサービスや古本屋やフリマサイトを利用する方法もあります。

整理収納アドバイザー／
ルームスタイリスト
岡本あつみさん

居心地のいい空間をつくる

ライフスタイルの変化を考慮して収納用品を選ぶ

　若い人の場合、ライフスタイルや家族構成が変わるなどの理由で、今後引っ越す可能性がとても高いです。引っ越し先で同じ収納を同じように置けるとは限りません。組み立て式など応用が利く収納を選びましょう。今は、壁に穴を開けられない賃貸暮らしに対応した、便利な収納グッズもたくさん売られています。まとめて置けるだけでも部屋がスッキリしますし、収納力も高くなります。狭い部屋も多いので、ものを増やしすぎずに暮らす技術を学ぶ場、と割り切る考え方もあります。とはいえ、暮らしの主役はあなた自身で、好みのものでそろえられる貴重な機会です。ものを探すのに苦労せず、ストレスがかかりにくい好きな空間をつくって生活を楽しみましょう。

✨ 使い方を固定しない収納のアイデア

ひとり暮らしの収納用品は、汎用性があり、簡単に可動できるものが便利です。かごや木箱などは、コンパクトな部屋でも場所を取らず、さまざまな用途に使えます。

木箱

木箱は、本や書類を立てて本棚のように使うことができます。横につなげたり、縦に重ねたりと、スペースによって個数や配置を増やせる点も便利です。

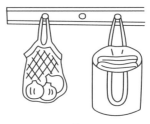

袋

ネットバッグは、海外のマルシェで野菜を入れて持ち歩く人が多いです。常温保存の野菜を入れて吊り下げ収納にするのが◎。コットンバッグには、エプロンやキッチンクロスを収納しては？

かご

通気性がよく、サイズや形の種類が豊富なかごは、キッチンアイテムの収納に。ご飯茶碗とお椀、急須とお茶など、使うもの同士でまとめると便利です。

🔍 こんな方法も

クッションカバーの中にブランケットを収納する

ヌードクッションを入れる代わりに、ブランケットやフリース素材のアウターなど、オフシーズンの防寒アイテムをクッションカバーの中へ。かさばる衣類をコンパクトに収納できます。

収納力アップの便利グッズを使う

近頃は、限られた空間に収納をプラスできる便利なグッズが充実しています。上手に取り入れることで、狭さを感じさせない、スッキリとした部屋に。賃貸物件では、原状回復できるグッズを選びましょう。

ドアハンガー

ドアやクローゼットの上部に引っ掛けるだけで、日常使いのバッグやコート、翌日のコーディネートなどのちょい置きスペースが生まれます。

伸縮棚

壁と壁、壁と家具の間などに、手軽に棚をつくることができます。洗濯機の上の空きスペースを利用して洗剤置きにするなど、自由自在です。

ハンギングワイヤーラック

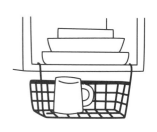

シンク上の戸棚に取り付けて食器置きにするなど、棚に引っ掛けて収納スペースを追加できるラックです。100円ショップでも手に入ります。

ストレスがかからない快適な部屋の条件

好きなものしかなくスッキリと片付いた部屋での暮らしは心地よいだけでなく、作業効率がよくなり、家事がはかどります。生活の基盤となる自宅を整えて、快適なひとり暮らしを実現しましょう。

収納力があり
スッキリ整理整頓
できている

どこに何があるかが
すぐにわかり探しもの
をすることがない

適正なものの量で
掃除がしやすい

好きなもの
しかない

一番
大事!

● 暮らしを彩るみんなの "好きなもの" って!?

調味料や料理の道具。道具は手仕事の飽きのこないデザインのものでそろえている。料理のたびにテンションが上がる。
（30代 女性）

片付けの仕事をしていると、好きじゃないものを我慢して使う人にたくさん出会います。自分の暮らしは自分が主役、ということを忘れないでください

コーヒーグッズ。
居室の目立つところに置いている。
（20代 男性）

服や靴。好きだからこそ厳選して持つようにしている。
（40代 男性）

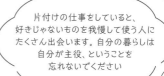

整理収納アドバイザー／
ルームスタイリスト
岡本あつみさん

わたしの家事スケジュール

平日 ※原則として休日はなし

6:30	起床	
7:00	洗濯（2日に1度）	洗濯物は室内干しに
7:30	朝食	
8:30	洗濯物を干す	
9:00	ゴミ出し（月・火・水・木曜）仕事	映像作家をしており、日によってイベントに参加したり映画鑑賞したり撮影したりしています
21:30	帰宅後、シャワー	
22:00	夕飯の準備	
22:20	夕食	
23:00	夕食の片付け	
24:30	靴みがき	
25:00	就寝	

「感謝しながら
淡々と家事をこなす」
という言葉が
響くなぁ……

就寝前の靴みがきが
ルーティンなのだそう

家事の工夫

食材の買い物は、スーパーの特売や割引を利用してお得に買うようにしています。洗濯は、洗濯物がたまらないように2日に1度です。体調を崩さない限り、家事はルーティンにして、考えなくても動けるようにしています。

Column 7
わたしのひとり暮らし

体調を崩して
ひとり暮らしの心細さを
実感

N.Sさん
（56歳・個人事業主・沖縄県在住）
ひとり暮らし歴38年

ひとり暮らしを始めて38年になるので、家事はもはや習慣になっています。生活のために、感謝しながら淡々と家事を切り回してきました。少し前に体調を崩し、2カ月間仕事ができないことがありました。収入面においても、生活面においても、ひとり暮らしの心細さを感じる出来事でした。

好きな家事トップ3

料理、洗濯、掃除
順不同ですが、強いてあげるのであれば、上記3つは好きです。

苦手な家事トップ3

習慣化しているので、好き嫌いはない
家事は生きるうえでの習慣だと思っているので、特に嫌いなものはありません。

家事の変遷

家事が手作業だった時代の暮らしは、
私たちに家電のありがたみを教えてくれます。
季節の手仕事など、昔の家事の中には
現代の暮らしを豊かにするヒントも！

監修／阿古真理

1

農村では家族総出で家事をしていた

大人も子どもも家族全員で 農作業と家事を分担

高度経済成長期までの日本は、農山漁村に住む人が多数派でした。台所設備は囲炉裏やかまど。水道・ガスはもちろん、電気も通っていない地域がありました。

農村では、野菜を収穫して漬物にする、山菜ややきのこを採って干す、収穫した大豆をみそに加工するなど、家業と家事が地続きで、男性は薪割りを担い、子どもも手伝う、と家事のシェアは当たり前。助け合わなければ生きられなかったので、家族は一緒に暮らし、行事その他何かあれば近所の人も手伝いました。

それでも、嫁の負荷は最も重く、早朝から深夜まで働き詰めでした。水くみ、手作業の洗濯、調理や風呂炊きの火の管理、季節の着物の洗い張りなど、今はない家事もたくさんありました。

✨ 農家の住まいは家事がしにくい形だった

農家の住まいの中心は、家族が食事や団らん、就寝をしたりする母屋でした。トイレや蔵は母屋とは離れていたため、行き来に手間がかかりました。

厠（トイレ）、風呂
母屋とは別に独立して設けられていた

母屋
敷地内の中心となる建物で家族が暮らすところ

米蔵・みそ蔵・しょうゆ蔵
脱穀・もみすり場・牛小屋・ヤギ小屋など

● 典型的な母屋の間取り

「土間」では農作業や炊事を行いました。土間から1段高くなった板敷きの「広間」は食事と団らんの場所。広間の奥には寝室として使われる「納戸」や接客の間として使われる「座敷」がありました。「床の間」は来客をもてなす場所でした。

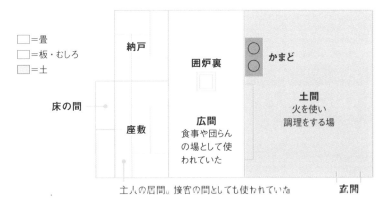

□＝畳
□＝板・むしろ
□＝土

納戸

囲炉裏

かまど

床の間

座敷

広間
食事や団らんの場として使われていた

土間
火を使い調理をする場

主人の居間。接客の間としても使われていた

玄関

今では想像も難しい自給自足の生活

多くの農家ではニワトリを飼い、その卵を食べ、特別なときなどにつぶして食べていました。米、野菜、そば、大豆などを育て、みそ、しょうゆ、漬物も自家製。自分たちが食べるものは自分たちで作ることが一般的でした。

農村で自給されていたもの

果実	梨や栗、桃の木などのほか保存食にもなる柿や梅の木を植えていた	米	主食は米などの穀類。昔は牛や馬に頼って鍬で耕していたが、耕運機などの農業機械へ
保存食	みそ、しょうゆ、漬物、梅干し、干し柿などを作っていた	野菜	白菜、大根、キャベツ、ほうれん草、玉ねぎ、ネギ、にんにく、さつまいも、しょうがなどを育てていた

スーパーに行けばなんでも手に入る現代とはえらいちがいだ

現代の家事のベースとなっている農村の家事作業を知っておく

農家の家事は、水くみや薪割り、火の管理などにはじまり、季節の手仕事にいたるまで多岐にわたりました。家事に加え農作業などの生産行為もあり、家の仕事は家族みんなで分担していました。

炊事	洗濯	掃除	その他	季節の家事
■ 水くみ ■ 火の管理 ■ 食事の準備 ■ かつお節削り ■ 大根おろし ■ ごますり ■ くるみ割り ■ ご飯炊き ■ 鍋洗い ■ 茶碗洗い ■ 豆腐作り	■ 水くみ ■ 手作業による洗濯 ■ 着物の洗い張り	■ 庭と土間の掃除 ■ 縁側のぞうきんがけ ■ 窓拭き ■ 障子の貼り替え	■ 薪割り ■ 縁側の雨戸や窓の開け閉め ■ 裁縫 ■ 風呂焚き ■ 家畜の世話	■ 正月…餅切り ■ 晩冬…みそ作り ■ 初夏…畳上げ、畳叩き、梅干し作り ■ 晩秋…干し柿作り ■ 年末…しめ縄作り、すす払い ■ 収穫期に漬物作り、乾物作り

家事以外に田植えや畑仕事もあって、休む間もなさそう。現代のひとり暮らしはなんて快適なんだ……と思っちゃう

昔の農家の台所もよい点はありました。掃除しやすく土足で出入りできる土間は今脚光を浴び、ヒーター付きで新居に採り入れる例が出てきています

著者
阿古真理さん

2

サラリーマンの出現が台所を変えた

台所改善運動が活発化　効率的な台所へ

20世紀初頭の日本は産業革命期で、近代企業が増え、サラリーマンが中心の中流層が誕生しました。同じ頃、日本は家長の権限が絶大な家父長制の法制度ができ、サラリーマン家庭の男性は基本的に家事を行っていません。その妻は、高等女学校で良妻賢母教育を受けた主婦が中心でした。手作業で大変だった家事は、女中を雇い、子どもに手伝わせて主婦が行いました。社会の矛盾が大きくなり、さまざまな社会運動が活発に行われた時代です。その中に生活改善運動もあり、都会では立ち流しで効率的な台所を採り入れる研究が進みました。地方から単身で出てきた学生は、住み込みの書生で家事や子守りを手伝うか、賄い付きの下宿に住みました。

女中を雇うことが一般的だったサラリーマン家庭

大正時代のサラリーマン家庭の家事の担い手は主婦でした。当時の家事は手仕事が多く、裁縫と掃除に多くの時間を費やしたため、女中を雇い、子どもに手伝わせないと回らないほどでした。

1915（大正4）年の平均家事時間

12時間1分（育児時間を除く）

出典：「婦人之友」等10巻第1号付録「時間からみた一家5人の生活」

● 大正時代の細かな家事の例

はたきをかけ、掃き掃除したあとは必ずぞうきんがけをする

たらいでしゃがんで行う手作業での洗濯、着物の洗い張り

仕立てかえ（布団・衣類の綿出し、綿入れ、継ぎ当てなど一連の作業）

布団作り

病人の看病（病院にはめったにかからなかった）

今これを1人でやろうとしたら1日24時間じゃ足りないね

昭和5年の国勢調査によると、家事手伝いに雇われている女性の数は勤労女性のうち約10％もいたそうだ

大正時代に広がった「住宅改良」の意識

電気、ガス、水道が少しずつ普及すると、住宅改良の意識が高まりました。東京を中心にした住宅改良はおもに「台所」が主流でした。立ち流しスタイルの流し台の登場は、多くの女性を救いました。

● 「座り流し」から「立ち流し」へ

座り流し

しゃがんで作業する流し台のこと。近くに水がめを置き、そこから水をすくって洗い物をしていた。疲れやすく非効率で不衛生。

立ち流し

立ったままで調理などの作業をする脚付きの流し台のこと。立ったり座ったりしないので、連続で作業できて負担が少ない。

しゃがんで
作業するなんて大変そう

現代社会に一歩近づく西洋化と家事

大正〜昭和初期の都市部では西洋化が進みました。しかしまだ過渡期にあったため、西洋化以前と変わらず行っていた家事は数多くありました。一方で、西洋化によって増えた家事もありました。

西洋化が進んだゆえに　　　　　食の西洋化は進んだけれど

夫が着物に
着替えるのを手伝う

サラリーマンは現代のスーツに当たる洋服を着て勤めに出ていましたが、帰宅後は和服でくつろぐのが一般的。和服に着替えるのを手伝うのは妻の役目でした。

みそ汁作りはみそを
すったりこしたりすることから

都市部を中心に洋食文化が広まりましたが、サラリーマン家庭でも、炊飯にかまどを使う家庭はありました。朝のみそ汁作りは、ほとんどの家庭でみそをするところから行っていました。

昔のみそは粒が
たくさん残り、今のように
なめらかではなかったので、
すりこぎで力を入れてする
必要がありました

著者
阿古真理さん

3

戦中戦後の家事は切実な営みだった

食料や物資の乏しい時代 節約が家事に組み込まれた

大正時代から昭和初期にかけて、都会の生活は便利になりますが、昭和10年代には戦争の時代に突入します。戦争は壮大な消費です。1938年に国家総動員法ができてからは、戦地に物資を回すため国民の暮らし（銃後の生活）が犠牲になっていきます。食料も燃料も配給制になり乏しくなりました。燃料を節約するため布でおおって鍋を保温する、雑草を食べるといった工夫が主婦雑誌で伝えられ、窮乏生活を乗り切る工夫が必要になりました。戦時の不安に加え、栄養不足なのに家事にも大変な手間がかかるので、大人に余裕はありません。この時代に育った女性には、親からきちんと家事を学べなかった人が大勢います。そのことが長く、尾を引いていくのです。

✧ ひとり暮らしどころではない窮乏生活と家事

日中戦争が長期化する中、物資の不足が深刻化しました。昭和16（1941）年12月、太平洋戦争に突入すると、米をはじめとする主要食料や多くの生活必需品が配給の対象になりました。

● 配給の歴史

昭和15（1940）年6月	東京・大阪・横浜・名古屋・京都・神戸の6都市で砂糖・マッチの切符配給制を実施
昭和15（1940）年10月	政府は米穀管理規則を定め、農家から米を買い上げ、国民に配給する制度を整えた
昭和16（1941）年4月	米の配給制を実施
昭和17（1942）年1月	みそ、しょうゆ、塩などが配給制に
昭和17（1942）年2月	食糧管理法制定。雑穀、さつまいも、じゃがいも、麺類など主要食料品の大部分は、価格や配給等を政府が管理することになった

特に料理について、家事は工夫できる発想力と知恵が切実に必要とされた時代でした

著者
阿古真理さん

命をつなぐことが重要な家事だった時代

配給事情が悪化すると、家族は子どもに食べさせるため、生きるために食料を求めました。親類や知人のつてをたどったり、統制をかいくぐって買い出しをしたりと、食料調達に手を尽くしました。

● 生き抜くための策

細切れの野菜がわずかに浮いた雑炊が常食	いもや野菜の皮、煮干しなどを少量の米と一緒に炊き込んだ雑炊で空腹をしのいだ。
農家とのヤミ値での取り引き	地方の農家へ買い出しに行き、配給価格の数倍もする価格で野菜を買うこともあった。
衣類との物々交換	着物や家財道具をわずかな米やいもなどと物々交換していた。
庭や空き地を掘り返して家庭菜園に	ネコの額ほどの小さな空き地も耕して野菜を栽培し、配給不足を補おうとした。
野草を食べたり調味料を自作	タンポポ、シロツメクサなどの雑草も貴重な食材に。海水を釜で煮て塩を自作した。

「食」の比重が家事の中でも大きかったみたいだね

戦中戦後の食の移り変わり

敗戦後、深刻な食料難とインフレが続き、生活難は続きました。配給の遅れや欠乏が相次ぎましたが、輸入食料の放出や生産の向上によって国民生活は次第に回復。食の目的は"生きるため"から空腹を満たすことに代わっていきました。

戦中戦後 (1940年代)	復興期 (1950年代)	高度経済成長期 (1955〜1973年)
目的	**目的**	**目的**
生存すること	空腹を満たすこと	栄養バランスよく食べること
実態	**実態**	**実態**
食べられるものは何でも食べた	量的な要素に価値が置かれた	穀物中心の食生活から肉類、野菜、くだものを多く含む食生活に

高度経済成長期以降に大きく変わった家事

家庭では女性が家事を一手に担う時代へ

1950〜1953年の朝鮮戦争の特需景気をきっかけに、高度経済成長期が始まります。サラリーマンが男性労働者の多数派に、既婚女性は約半分が専業主婦になり、男性が稼ぎ女性が家事・家族のケアの全責任と実作業を担う性別役割分業の価値観が浸透した時代です。

この時代の新米主婦は、戦中戦後の混乱期に親から学びにくく生活も激変したので、メディアを教科書にした人が多く、主婦雑誌の全盛期となりました。

メディアがレシピを伝えた洋食や中華は、ガスが使えるキッチンが普及し採り入れやすくなりました。この頃増えて憧れの対象になった団地では、家事がラクになる掃除機、洗濯機、電気冷蔵庫を真っ先に導入した人が特に多くいました。

◈「男性稼ぎ主モデル」の大衆化

1960年代、「夫は仕事、妻は家事」という性別役割分業によって特徴づけられた、男性が稼ぎ主となる家族モデルが広まりました。

● 男性稼ぎ主モデルが大衆化した背景

核家族化	男女間賃金格差	日本的雇用慣行
3世代同居などの大家族世帯の割合が減少し、家事や育児の担い手が減りました。女性が家事・育児を担い、男性がサラリーマン化する性別役割分業が加速しました。	女性の賃金が男性よりも低かったため、夫はサラリーマンとなって所得を稼ぎ、妻は家事労働に専念することがもっとも効率的だとされていました。	高度経済成長期の雇用システムは、男性に世帯主として安定した雇用や給料を与える一方で、女性や子どもを被扶養者として位置づけるものでした。

当時の女性は学校を卒業して就職した場合も、結婚したら退職するのが一般的だったんだ

結婚したら家庭に入り、働く夫を支える役割が期待されていたんだね

日本の住宅事情を大きく変えた団地

1950年代半ばから台所と食卓が一体化したダイニングキッチンを採用した団地の建設が始まりました。団地スタイルの普及により、家事の負担も人びとの暮らしも大きく変わりました。

団地暮らしで ラクになった家事

- ダイニングキッチンの登場で配膳が便利になった
- ステンレスの流し台になり、洗い物がラクになった
- 食事する部屋と寝る部屋が別になり、ちゃぶ台の準備と片付けの手間がなくなった
- 洗濯機置き場がベランダにある場合、洗濯が効率よくできるようになった

東京の庶民の住宅は、小さな流しが付いただけの台所と食寝一体の狭い空間に風呂なしが一般的。食事をする場所と寝る場所が分けられた団地の間取りは、理想でした。

✦ 団地住民の願望を形にしたスーパーマーケット

血縁など人間関係のしがらみや従来の生活習慣から解放され、自由な暮らしを手に入れた団地住民。価格や鮮度を価値基準としながら商品を自由に選択できるスーパーマーケットは便利でした。

● スーパーマーケットが広まる以前の買い物事情

物売り
リヤカーなどで移動しながら商品を売り歩く。合図のラッパの音が聞こえたら、家から出て買い物をした。

ご用聞き
小売店の人が家に来て、必要なものを確認する。注文すると、後ほど家まで持ってきてくれる。

小売店（個人商店）
1960年代の小売店は八百屋、肉屋、魚屋など専門店が主流で、店主と家族だけで運営する個人商店が大多数だった。

スーパーマーケット利用で ラクになった家事

- 1つの店舗で生鮮食品・生活用品の買い物が完結するため、大幅な時短になった
- 一度かごに入れた商品を会計前に棚に戻せるなど、予算に応じて買い物しやすくなった

一方で、セルフサービスのスーパーでは、店員に献立の相談をするといった会話が難しい、などの問題もありました

著者
阿古真理さん

「三種の神器」が働く女性の増加に貢献

高度経済成長期には、洗濯機、電気冷蔵庫、白黒テレビが「三種の神器」と呼ばれてもてはやされました。この3つの家電は1970年前後に普及率が90%に達しています。掃除機の90%超えが1975年で遅れたのは、一戸建てに住む人は、従来のようにほうきでゴミを掃き出せたからと思われます。

明治時代に、上段に氷のかたまりを入れ、その冷気で中の食品を冷やす氷冷蔵庫ができましたが、氷はだんだん溶けるので交換が必要ですし管理も面倒なので、昭和半ばに電気冷蔵庫に取って代わられました。電気冷蔵庫があれば、毎日買い物しなくて済む、洗濯機があれば洗濯が大幅にラクになるなど、家電の普及は、働く女性の増加に貢献したといわれています。

✧ 洗濯機や電気冷蔵庫がない時代の道具

洗濯機や電気冷蔵庫が普及する前は、洗濯板とたらいを使って手洗いをし、木製の箱に氷を入れて使う氷冷蔵庫を使っていました。

氷冷蔵庫

木製の箱の内側にブリキの板が貼られ、上段に氷、下段に食べ物を入れて冷やす仕組み。高価なため、庶民は持つことができなかった。

洗濯板とたらい

石けんをつけた衣類を洗濯板でゴシゴシとこすり洗いしたり、水を張ったたらいに衣類を入れて足で踏んで汚れを落としたりした。

洗濯機が登場して、冷たい水に触れずに洗濯できるようになったんだね

💡 家電は高級品だった

昭和32(1957)年当時、洗濯機1台の価格2万2,000円は、大企業の課長の月給クラス。冷蔵庫は昭和35(1960)年の大卒初任給の男子平均1万3,080円に対して6万2,000円と高額だったのです。このため、白黒テレビ、電気冷蔵庫、洗濯機が庶民の暮らしに浸透したのは発売から10年以上が経過した昭和40年代以降のことでした。

出典:「完結昭和国勢総覧 第三巻」(東洋経済新報社)「14-33 学歴別初任給の推移」

家電の普及と暮らしの変化

昭和30（1955）年頃から普及した白黒テレビ、電気冷蔵庫、洗濯機は「三種の神器」と呼ばれ、豊かさの象徴でした。三種の神器をそろえて団地生活を送ることが、当時のステータスだったのです。

三種の神器

白黒テレビ

昭和28（1953）年に国産第1号の白黒テレビが発売され、放送が始まった。テレビは戦後日本が明るい方向へ進む象徴だった。

電気冷蔵庫

昭和27（1952）年に一般家庭向けの冷蔵庫が発売。食材を長期保存できるようになり、買い物の負担が大きく減った。

※イラストは広く普及した1962年発売の東芝製

洗濯機

昭和30（1955）年に国内初のタイムスイッチ付き洗濯機が発売。朝から晩まで家事に追われていた女性に休息を与えた。

当時、「奥様は、1年で象1頭を丸洗いしているんですよ」と話しながら洗濯機をPRする実演販売が話題になったよ！

パートタイマーの出現

高度経済成長がピークにさしかかった昭和40〜45（1965〜1970）年には、全国に電気、ガス、水道設備が普及し、都市部だけでなく、農村の家庭にも三種の神器や炊飯器が普及しました。当時の労働省（現・厚生労働省）の調査によると、昭和40（1965）年のパートタイマーの97％が既婚女性であり、家電の普及が専業主婦の社会進出を可能にした要因の1つだといわれています。

家事労働の軽減に貢献したさまざまな家電

三種の神器登場以降、さまざまな家電が発売されました。中には売り上げが振るわず、製造中止となるものもありましたが、どれも主婦の負担を少しでも軽くしたいというメーカーの意気込みが伝わるものばかりでした。

掃除機

1960年代に団地などで洋室が取り入れられたことで、掃除機が普及。少ない労力で部屋中の掃除を可能にしました。

電気炊飯器

昭和30（1955）年に登場。かまどで炊いていたご飯がスイッチ1つで自動的に炊けることは画期的だった。

複合コンロ

トーストと目玉焼きとホットミルクが一度にできるという触れ込みで売り出され話題となったが、一般化にはいたらなかった。

複合コンロはひとり暮らしの朝食に役立ちそう

家事と食生活が「台所革命」で大きく変わった

高度経済成長期の生活の変化を私は、「台所革命」と呼んでいます。なぜなら、土間の台所が、板の間で立って使える「キッチン」に変わったことによる家事と食生活の大きな変化が、この時代を象徴していると思われるからです。

特に農村部の台所の変化は著しく、ライフラインが行き渡り、重労働の水くみや火おこしの仕事がなくなりました。

ガスコンロは安定した火力が得られるので、炒め物もハンバーグも作りやすくなりました。しかし、油脂をひんぱんに使う食生活になり、洗剤で食器を洗い、壁や換気扇を掃除する必要もできました。

1970年代から、ワンルームマンションが登場し、ひとり暮らしの人も自炊し家事を自分で行う生活になりました。

✦ 土間の台所の特徴

土間とは、屋内にありながら床板を張らず、地面のままにした空間のことです。農村部の台所の一般的な形でした。

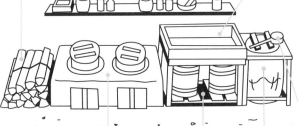

薪
かまどの燃料。薪の確保も大仕事だった。

流し台
簡易的な上洗いの場。本格的に洗うときは小川や井戸を利用した。

かまど
鍋や釜をのせ、煮炊きする場所。薪を使うため、煙やすすが立ち込めた。

排水だめ
流しで捨てられた排水の行き場。穴を掘って土に水が浸透するだけの簡易的なものが多かった。

ひしゃく
水がめから水をくむための道具。

水がめ
井戸からくみ上げてきた水を蓄える容器。30〜50Lの容量があった。

冬は底冷えして寒そう！

板の間のキッチンの特徴

板の間の台所には、量産されたステンレスの流し台が設置されました。これがやがて、調理台と流し台が一体化したシステムキッチンに入れ替わっていきます。※イラストのキッチンセットは、1958年に公団が導入した最初のもの

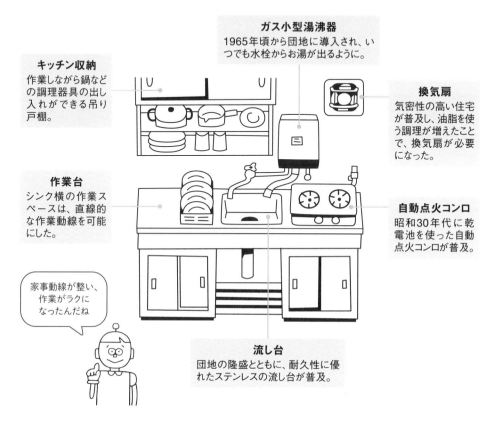

ガス小型湯沸器
1965年頃から団地に導入され、いつでも水栓からお湯が出るように。

キッチン収納
作業しながら鍋などの調理器具の出し入れができる吊り戸棚。

換気扇
気密性の高い住宅が普及し、油脂を使う調理が増えたことで、換気扇が必要になった。

作業台
シンク横の作業スペースは、直線的な作業動線を可能にした。

自動点火コンロ
昭和30年代に乾電池を使った自動点火コンロが普及。

家事動線が整い、作業がラクになったんだね

流し台
団地の隆盛とともに、耐久性に優れたステンレスの流し台が普及。

1970年代の若者のひとり暮らし

1970年代に入ると、一定期間部屋を間借りする下宿のほか、賃貸アパートで暮らす若者も増加しました。部屋に浴室やトイレはなく、4畳半や6畳ひと間の木造賃貸アパートがスタンダードの時代でした。

● **どんな部屋？**

4畳半ひと間、風呂なし、トイレ共同の木造賃貸アパート。家賃は月1万5,000円だった。
（60代 男性）

遠縁の大家さん一家が暮らす家の1室を間借りしていた。
（60代 女性）

● **食生活は？**

小さな流しとガスコンロが1つあるだけのキッチンとも呼べない調理場でカップめんを作って食べていた。
（70代 男性）

コンビニなどなかった時代、近くの定食屋の常連だった。
（60代 男性）

既製服の普及で衣類の手作りが消えた

これまで紹介した以外にも、技術の進化やライフスタイルの変化で、家事の世界は大きく変わりました。

着物の時代は、冬になる前に着物をほどいて洗い、綿を詰めて縫い直すといった季節の作業がありました。戦後、洋服を着る女性が一般化すると、ミシンを買って洋服を作る女性が急増。しかし、1970年代以降に既製服が普及し始め、衣類の手作り自体が廃れます。平成になると、家事の省力化がさらに進みます。

電子レンジは対応した加工食品が増えたことで普及し、電力会社の宣伝もあってIHクッキングヒーターが、2010年代には、共働き子育て世帯が増えて食洗機が広まります。干して取り込む作業が不要なドラム式洗濯機も人気です。

✧ 消える調理文化

日本には古来、地域ならではの保存食が根付き、電気冷蔵庫が普及するまでは家庭でも作られていました。便利な時代になり、生活文化的な意味合いを持つ家事が衰退していきました。

● 知恵がつまった保存食

身近な保存食	日本の伝統的な保存食	発酵による保存食
■ 梅干し　　■ 海苔 ■ 魚の干物　■ 煮干し ■ いくらの 　しょうゆ漬け　■ 塩辛	■ 切り干し大根、寒天、 　ひじき、高野豆腐などの 　乾物 ■ おせち料理	■ みそ　　　■ 漬物 ■ しょうゆ　■ チーズ ■ 酢　　　　■ 酒 ■ 納豆

💡 保存食とは

長期間置いても食べられるように工夫した食品のこと。塩を使ったり日に干したりして水分を抜き、食材の保存性を高めました。

滋賀県の鮒寿司など地域に伝わる郷土料理"なれずし"も保存食だよ

普段何気なく食べている食材の中にも、保存食はいっぱいあるんだね

🕊 家電の登場と消えた家事

戦後の日本では、たくさんの家電が登場しました。そして、便利な家電の普及により、人びとはさまざまな家事から解放されました。

新発売もしくは普及した家電			家電の導入により消えた家事
・洗濯機（1955年）　・炊飯器（1955年）　・白黒テレビ（1953年） ・家庭用電気冷蔵庫（1952年）	1950年（昭和25年）	・かまどでご飯を炊く ・薪の調達と火の管理 ・たらいと洗濯板による洗濯	
・二槽式洗濯機（1960年）	1960年（昭和35年）	・洗濯物の脱水作業	
・カセット集じん式掃除機（1968年）	1970年（昭和45年）	・ほうきとちりとりでの掃除	
・タッチパネルマイコンレンジ（1978年）　・ふとん乾燥機（1977年）	1980年（昭和55年）	・料理を温める ・洗濯物を脱水槽に移す	
・家庭用パン焼き器（1987年）　・全自動洗濯機（1985年）	1990年（平成2年）	・洗濯物を干す	
・IHクッキングヒーター（一般に広がったのは2002年頃〜）　・ドラム型洗濯機（一般に広がったのは2000年頃〜）　・ロボット掃除機（一般に広がったのは2006年頃〜）　・食器洗い乾燥機（一般に広がったのは2010年頃〜）	2000年（平成12年）	・掃除機かけ	

🕊 近年加わった新しい家事

生活の向上は、人びとの精神性にも大きな影響を与えました。「健康的に心地よく暮らしたい」「必要最小限のモノだけでスッキリと暮らしたい」など、個々の価値観が新しい家事とライフスタイルを作り上げました。

● ひとり暮らしの人に聞いた！　あなたの「最近加わった新しい家事」は？

家電の管理
引っ越したので家電選びと設置や管理。価格比較サイトで調べて買って、使いこなすまで結構な労力だ。
（30代 男性）

不要品の処分
フリマサイトを始めて、出品や発送作業に時間を費やすように。休日になると郵便局に通う日々。
（20代 女性）

これからも時代の変化に応じて家事が変わっていきそうだ

つくりおき
平日は買ってきたお総菜に助けられる日々だったが、健康と節約のために週末につくりおきを始めた。
（30代 女性）

整理収納
生活用品を整理収納するようになった。少しずつ収納グッズを買いそろえ、部屋を整える作業はとても楽しい。
（40代 女性）

SNSでレシピチェック
仕事の帰りが遅くなり、冷蔵庫のありもので料理することが増えた。帰宅途中の電車では、SNSの料理系動画をチェック。
（20代 男性）

わたしの家事スケジュール

平日

8:30	起床、洗濯機を回す	
9:00	朝食	トースト、ヨーグルト、紅茶の簡単なもの
9:30	洗濯物を干す	
10:00	健康体操へ	
12:30	体操の友人と昼食	
14:00	帰宅、休憩	昼寝をすることも
16:00	掃除機かけなど簡単な家事	
17:00	地域の子育ての相互援助活動で学童へ	小学生の送迎をしています
18:00	帰宅、夕食準備	
18:30	夕食	
20:30	入浴	
21:30	自由時間	テレビを観たり、新聞を読んだりして過ごします
23:30	就寝	

夕方にちょこちょこ掃除をして汚れをためないように工夫しているね

家事の工夫

工夫というよりも、ほとんど手抜きです。自分ひとりだし……と、ついラクなほうを選んでしまいます。朝食も以前はご飯にみそ汁、焼き魚と副菜を食べていましたが、いつの間にかトーストになってしまいました。

Column 8

わたしのひとり暮らし

夫に先立たれ、50年ぶりのひとり暮らしをやっと満喫できるように

徳子さん
（69歳・無職・東京都在住）
ひとり暮らし歴3年

3年前に夫を亡くし、50年ぶりのひとり暮らしは最初はさびしさでいっぱいでした。最近は体操や地域の活動などを始めて、やっと自分のペースで楽しく過ごせるようになりました。食事はだいぶ手抜きになりました。やはり、作る相手がいなくなると、張り合いがなくなります。

好きな家事トップ3

1位　洗濯
ひとりだと洗濯物があまり出ないのでラクです。

2位　掃除機かけ
スティック型の掃除機なので軽くて操作しやすいです。

3位　トイレ掃除
トイレがきれいだと気分がいいため。

苦手な家事トップ3

1位　食器洗い
食後に動くのが億劫なため。

2位　床掃除
ひざをつく動作がきついです。

3位　窓拭き
高いところまで拭けないため。

ひとり暮らしの家事FAQ

ひとり暮らしをしていると直面するあれこれをまとめました。
心地よく暮らすためのヒントにしてください。

Q 家事のやる気がまったく出ないときはどうしたらいい?

A 心と体が疲れているのかもしれません。まずは体を休めることを最優先にしましょう。家事は生ゴミだけは捨てる、下着だけは洗濯する、食事はデリバリーやテイクアウトにするなど、最小限でOK。ゆっくりと湯船に浸かったり、好きな音楽を聴くなどしてリラックスして過ごしましょう。換気して、きれいな空気を取り込むことも重要です。

関連➡P.32、P.33

Q 備蓄食材の消費期限が過ぎて処分してしまったことが何度もあります。食品ロスにしない方法はありますか?

A 備蓄食材を災害時に食べる一時しのぎのものと捉えて用意するのではなく、日常的に食べている消費期限の長い食材を多めに買って備蓄食材としましょう。食べたら買い足して補充する「ローリングストック」にすれば、食品ロスの心配もありません。

関連➡P.31、P.138

Q 2人入居不可物件に住んでいます。友人を泊めたいのですが、NGでしょうか?

A 単身者に限定された2人入居不可物件では、数日の間、友達や親きょうだいが泊まりにくることも原則としては不可です。ただし、1〜2日程度の宿泊であれば、許容してもらえることがほとんど。それでも、トラブルを回避するために事前に大家さんや管理会社に報告をしておきましょう。

関連➡P.25

Q 前の住人の郵便物が届きました。

A 最寄りの郵便局かお客様サービス相談センターに連絡するか、郵便物の表面に"宛先人は転居済みです"などと記入した付箋を貼って郵便ポストに投函しましょう。

関連➡P.25

Q ゴキブリが出ない部屋にするには?

A 侵入口になる部屋のスキマを埋める、こまめに掃除をして清潔を保つ、屋外用のゴキブリ用駆除エサ剤を設置するとよいでしょう。また、ゴキブリはハッカ油(※)を嫌います。大さじ2の重曹にハッカ油を2〜3滴垂らしてお茶パックに入れれば、置き型の忌避剤に。いくつか作って気になるところに置いておきましょう。

関連➡P.27

Q ひとり暮らしで体調不良になったらどうしたらいい?

A 風邪の引き始めや発熱したときには、十分な睡眠を取って体を休めましょう。食欲がない場合は無理に食事を摂る必要はありませんが、水分補給は忘れずに。室温程度の水を少しずつ飲みます。下痢、嘔吐、発熱、多量に発汗するなど水分が失われていく状況のときは、脱水症状を防ぐために、電解質を含む経口補水液をこまめに飲みましょう。また、急激に悪化したときに備えて家族や友人に連絡しておくことも大切です。

関連➡P.33、P.136、P.137

Q 土日は休みたいため、毎週買い出しする余裕がありません。何かいい方法はありますか?日用品を切らしてしまうのもストレスです。

A 宅配サービスやネットスーパーを利用するのはいかがでしょうか。やや割高かもしれませんが、コスパ・タイパを考慮して、自分に合うやり方を見つけましょう。日用品はAmazon定期便を活用してもよいでしょう。いずれにしても自宅マンションに宅配ボックスがあるか、また置き配が可能かなどは事前に確認が必要です。

関連➡P.121

※ネコはハッカ油の成分が苦手なため、ネコを飼っている人は使用を控えましょう。

Q 漫画アプリの課金がやめられません。先月は3万円使ってしまい、わずかな貯金を切り崩して支払いました。

A 1カ月に使う課金額を設定することが大切です。まず、41ページの「収入に対する理想の家計バランス」を見ながら固定費の予算を出し、そこから漫画の課金に使用できる額を算出しましょう。支払いはクレジットカードではなくコンビニで現金チャージする方法にすると使いすぎを防げます。

関連➡P.41

Q 20代ですが、将来や老後に備えて貯金ばかりしています。お金を使うことに罪悪感を覚えるようになってしまいました。

A 貯金は大切ですが、今だからこそ得られる経験や学びのためのお金を削ってまで貯めることは、さまざまな可能性の芽を摘むことになりかねません。節約すべき出費とそうでない出費を見極めましょう。

関連➡P.47

Q 収入が少なすぎてお金が貯まりません。

A 急な病気やケガに備えて、どんなに収入が少なくても手取り月収の10%は貯蓄したいところ。毎月自動で定期預金に積み立てるなど、先取り貯蓄の仕組みを作ることが大切です。月収の10%の確保も難しい場合には、固定費を見直しましょう。

関連➡P.44、P.45、P.53

Q 手書きの家計簿が続きません。

A 家計簿アプリやレシートを貼るだけの家計簿など、作業量が少なく、手間がかからないものを使うとよいでしょう。家計簿は毎月の収支を把握し、ムダ遣いを減らして堅実に貯蓄していくために有効です。一方で、家計簿をつけないという選択肢もあります。支出を予算内でコントロールできているのであれば、家計簿は不要です。

関連➡P.39

Q 支出の中で交際費の割合が多く、なかなか貯金ができません。かと言って、交友関係をおろそかにしたくないので困っています。

A 飲み会は宅飲みやホームパーティーにするのはいかがでしょうか。好きなお総菜とお酒を持ち寄れば、気兼ねなく楽しめます。お出かけは、無料のレジャー施設やお得なクーポンを利用するとよいでしょう。

関連➡P.34、P.47

Q 光熱費を払い忘れたらどうしたらいい?

A 支払期限日を過ぎても、取扱期限日まではコンビニでの支払いが可能です。支払期限を1カ月ほど過ぎると、新たな支払期限と支払金額が書かれた振込用紙が入った催促状が届くので、銀行やコンビニなどですぐに支払いを。ネットバンキングを登録しておけば、振り込みがスムーズです。また、うっかり忘れないように口座振替やクレジットカード払いにしておきましょう。

関連➡P.38

Q 友人に貸したお金が返ってきません。

A 友人であるがゆえに、強く「返して」と言いにくいかもしれませんが、まずはメールやメッセージアプリなどで催促しましょう。返済期限を設定していない場合は、このときに「いつまでに返してほしい」ということも伝えます。友人がお金を持っていない場合は、分割での返済を提案しましょう。何度催促しても返済がない場合は、内容証明郵便による借金返済の督促状送付の検討を。ただし借用書がない場合は、貸したことが立証できそうなメッセージのやり取りなどの証拠が必要となります。

関連➡P.56

Q 浴室やキッチンシンク に白い汚れがこびりつ き、毎日洗っているの に落ちません。

A 白い汚れは石けんカスの 可能性が。石けんカスは アルカリ性なので、弱酸性のクエ ン酸水を吹きかけてマイクロファ イバークロスで拭き取ります。ガン コな汚れは、クエン酸水を吹き かけた後にキッチンペーパーを貼 り付け、さらにその上からクエン 酸水を吹きかけてラップをして30 分ほどおく「クエン酸水パック」 がおすすめ。一度で落ちない場 合は何日かに分けてみましょう。

関連➡P.67

Q ひとり暮らしの部屋に 掃除機は 必要でしょうか?

A ラグやカーペットを敷いて いる場合は、繊維のスキ マにホコリやゴミがたまりやすい ので、掃除機はあったほうがよい でしょう。また、ハウスダストの影 響が出やすいアレルギー体質の 人は、細かなゴミまで吸引できる 掃除機が必須です。

関連➡P.68、P.69

Q 近々友人を招く予定が あるのですが、 生活臭が気になります。

A こまめに部屋の換気を行う ことが大切です。同時に 2カ所の窓を開け、30分に1度、 数分の換気を行うのが理想です。 窓が1カ所しかない場合は、サー キュレーターや扇風機を利用しま しょう。アロマオイルをたくのもお すすめです。

関連➡P.64、P.65

Q 男性ですが、立って用 を足すと周囲に尿が飛 び散ると聞いてから、 座って使うようにしてい ます。座って使えば、ト イレ掃除はひんぱんに しなくてもOK?

A 座ったほうが飛び散りを抑 えられますが、完全に防げ るわけではありません。座って用 を足すと便座の裏に尿がはねや すいため、できるだけ使用するた びにトイレ用ウエットシートで便座 の裏を拭き取りましょう。

関連➡P.65、P.77

Q 掃除が面倒でたまりま せん。最低限これだけ はしておいたほうがい いということを教えてく ださい。

A ハンディモップで家電や家 具のホコリを取り、フローリ ングワイパーで居室や洗面所の 髪の毛やホコリを取り除きます。 また、洗面所にスポンジを1つ置 いておき、1日の終わりに洗面台 を洗い、トイレの床と便器周りは 除菌シートで拭きましょう。たくさ んのタスクがあるように感じるか もしれませんが、作業時間は全 部で5分ほどです。

関連➡P.63、P.68、P.74、P.75、 P.76、P.77、P.78、P.79

Q 洗面台にピンクのヌメ ヌメした汚れがついて しまいました。どうすれ ばいい?

A 水回りによく発生するピン クヌメリの正体は、赤カビ です。黒カビに比べて除去しや すく、こすって洗い流せばすぐに 落ちます。しかし、繁殖のスピー ドが速いため、洗い流した後は アルコール除菌スプレーを染み 込ませたキッチンペーパーでパッ クしたり、60℃ほどのお湯を流し たりするのがポイント。また、日頃 から水気を拭き取るようにすると、 ピンクヌメリの予防になります。

関連➡P.77、P.79

Q 浴室は隅から隅まで 毎日洗わないとダメ?

A 隅から隅まで洗う必要はあ りません。毎日洗いたい のは浴槽と排水口。浴槽は湯を 落としたらすぐに洗うと、皮脂汚 れや水あかがこびりつきません。 お風呂から上がるときに排水口 のゴミを取り、サッと洗えばヌメリ やカビを予防できます。

関連➡P.75

Q 自分しか使わないので、タオルは毎日洗わなくても大丈夫でしょうか？

A 洗いたてのタオルであっても、洗い落とせなかった皮脂などをエサにして繁殖した雑菌が付着しています。そして、1回使うごとに雑菌の数は無数に増え続けます。そのため、ひとり暮らしであってもタオルは毎日洗濯するのがベストです。洗濯しない場合は、使った後に外干ししましょう。

関連➡P.84、P.85

Q 洗濯機で洗濯したのにぬれていない部分がありました。ちゃんと洗えていないのでしょうか。

A 水量が少なく、衣類が水面から出てしまっている可能性が高いです。洗濯機に対して7～8割の洗濯物を入れたら、最大量の水やお湯で洗いましょう。水面に浮いてしまう衣類は、ギュッと押しながら空気を抜いて沈めるのも効果的です。

関連➡P.88

Q 飲み会に参加したら、アウターに油のにおいが染み付いてしまいました。

A スチームアイロンの蒸気をたっぷり当てると気にならなくなります。入浴後の湯気が立った浴室に15分ほど吊るしておくのもおすすめです。その後、風通しのよい場所でしっかり乾燥させることも忘れずに。

関連➡P.99

Q 白い服にトマトソースをこぼしてしまいました。

A 固形石けんで洗って汚れを落としたら、しみに過炭酸ナトリウム（酸素系漂白剤）を直接のせて衣類を包み、ぬるま湯に10分ほどつけ置きを。10分ほどおいて通常通りの洗濯をすればOK!

関連➡P.98

Q 布団を干してもダニは死なないと聞きました。干すのはムダ？

A 確かに天日干しではダニを退治できません。しかし、就寝中は大量の汗をかくため、湿気がたまります。1週間に1度は外に干すか、イスなどに掛けて風を通しましょう。

関連➡P.100、P.101

Q コートやニットをクリーニングに出す頻度がわかりません。

A 特に目立った汚れがない場合は、基本的に1シーズンに1回でOK。ただし、週2～3回着るような衣類は2～3カ月に1回、毎日着るワイシャツは1回着るごとにクリーニングに出すのがベストです。

関連➡P.99

Q 部屋干ししていますが、冬場は洗濯物がなかなか乾きません。

A 室内で最も空気が動きやすい部屋の中心に、衣類同士の間隔を空けて、空気の通り道ができるように干しましょう。エアコンのドライ機能を利用して湿度が50%になるよう調節したり、サーキュレーターで洗濯物のスキマに風が通るように風を送ったりすると、より効果的です。

関連➡P.91

Q ひとり暮らしで最低限必要な調味料はなんですか？

A 最低限そろえておきたいのが、塩、しょうゆ、こしょう、砂糖、サラダ油です。自炊に慣れて料理のレパートリーを増やしたくなったら、みそ、マヨネーズ、トマトケチャップ、料理酒、めんつゆなどがあると便利でしょう。

関連➡P.114、P.115

Q つくりおきしても余らせてしまうことが多く、自炊が続きません。

A 急な外食や残業などで、つくりおきした食事を食べ切れないこともありますよね。そこで、多めに作ったら、その日食べる分だけを取り分けて、残りは冷凍保存に。粗熱をしっかり取り、フリーザーバッグやフタ付きの容器で保存します。ただし、じゃがいも、豆腐が入った料理は冷凍に向きません。おいしく食べられる期間の目安は、2週間ほど。食べるときは、電子レンジで加熱するか、冷蔵庫で自然解凍後に鍋やフライパンなどでしっかり再加熱しましょう。ご飯も冷凍保存すれば劣化しにくくなります。

関連➡P.116、P.117

Q 浴室が狭いため、ボディソープやシャンプーを置く場所がありません。

A タオル掛けやシャワーフックに引っ掛けたり、マグネットで壁にくっつけたりする浮かせる収納がおすすめ。便利なグッズがたくさんあるので、チェックしてみましょう。

関連➡P.73、P.155

Q 食材を使い切れません。

A 食材はカット野菜やミニボトル、使い切りサイズなどを利用して買い出ししましょう。余った食材はカレーやチャーハン、スープなどの具にして使い切るとよいでしょう。

関連➡P.120、P.121

Q 献立決めに毎回悩みます。

A ご飯、汁物、おかず1品で構成する一汁一菜の献立スタイルを採り入れてみてはいかがでしょう。汁物とおかず1品だけを考えればいいので、献立作りがラクです。また、品数が少なくても栄養バランスよく食べられます。

関連➡P.118、P.119

Q 料理がとにかく面倒ですが、お金がかかるので外食もできません。

A 耐熱容器に材料を入れて電子レンジで加熱するだけのレンチンメニューや、材料を入れてお湯を注ぐだけの簡単マグカップスープなど、手軽にできるメニューを採り入れてみては？　ほかほかご飯に「焼き鳥缶＋卵」「納豆＋アボカド」などをかけるだけの簡単どんぶりもおすすめです。

関連➡P.124、P.125、P.126、P.127、P.128、P.129、P.130、P.131、P.132、P.133

Q 食パンにカビが生えていました。その部分を取り除けば食べられますか？

A カビが生えた部分を取り除いても全体に胞子が広がっている可能性があるので、食べずに廃棄してください。買ってきたら、すぐに食べない分は袋ごと冷凍保存しましょう。

関連➡P.122、P.123

Q 毎回洗っているのに台拭きがにおいます。

A 食べカスや油汚れを吸い込んだ台拭きは雑菌が繁殖しやすく、それがにおいのもとに。過炭酸ナトリウム（酸素系漂白剤）での煮洗いがおすすめです。50℃のお湯1Lに対して小さじ1の過炭酸ナトリウム（酸素系漂白剤）を入れます。小さめの泡が発泡してきたら水気を切った台拭きを入れて5分ほど弱火で煮ます。その後火を止めたらフタをして30分以上つけ置きにし、流水でよくすすげばOK！　過炭酸ナトリウム（酸素系漂白剤）はアルミの鍋では使えません。ステンレスやホーローの鍋を使いましょう。

関連➡P.67、P.99、P.123

Q 部屋の中でよくものをなくし、困っています。

A ものの定位置を決め、使った後は必ずそこに戻す習慣をつけましょう。使用頻度別に、使う場所に収納することもポイントです。

関連➡P.149

索引

【参考文献】

『家事は大変って気づきましたか?』
阿古真理、亜紀書房、2022年

『ひとり暮らしで知りたいことが全部のってる本』
主婦の友社、2021年

『ナチュラルおそうじ大全』
本橋ひろえ、主婦の友社、2019年

『ナチュラルおせんたく大全』
本橋ひろえ、主婦の友社、2020年

『野菜が長持ち＆使い切るコツ、教えます!』
島本美由紀、小学館、2020年

『油を使わずヘルシー調理! ポリ袋レシピ』
川平秀一、アース・スターエンターテイメント発行、泰文堂発売、2012年

『うちのご飯の60年　祖母・母・娘の食卓』
阿古真理、筑摩書房、2009年

『人生が変わる 紙片づけ!』
石阪京子、ダイヤモンド社、2022年

『「モノと女」の戦後史』
天野正子・桜井厚、平凡社ライブラリー、2003年

『家電製品にみる暮らしの戦後史』
久保道正編、ミリオン書房、1991年

『冷たいおいしさの誕生　日本冷蔵庫100年』
村瀬敬子、論創社、2005年

『台所から戦後が見える』
朝日新聞学芸部、朝日新聞社、1995年

【「最低限そろえたい アイテム50早見表」お問い合わせリスト】

① 株式会社東邦 「ウタマロ石けん」公式サイト　https://www.e-utamaro.com/contact/

② グラフィコ カスタマーセンター　☎ 0120-498-177

③ シャボン玉石けん お客様相談室　☎ 0120-4800-95

④ ユニ・チャームお客様相談センター　☎ 0120-573-001

⑤ 花王 消費者相談室　☎ 0120-165-693

⑥ レック株式会社　お問い合わせ　https://www.lecinc.co.jp/contact/customer/

⑦ アイリスオーヤマ　アイリスコール　☎ 0120-211-299

⑧ イケア・ジャパン カスタマーサポートセンター　☎ 050-4560-0494

⑨ マーナ　☎ 03-3829-1111

⑩ 旭化成ホームプロダクツ株式会社お客様相談室　☎ 0120-065-402

⑪ ジョンソン株式会社　https://scjcatalog.johnson.co.jp/

⑫ フマキラーお客様相談窓口　☎ 0077-788-555

⑬ 東洋アルミエコープロダクツ　☎ 0120-123-701

⑭ 山崎実業　https://www.yamajitsu.co.jp

⑮ 平安伸銅工業　https://ec.heianshindo.co.jp

⑯ ニトリ　ニトリお客様相談室　☎ 0120-014-210

⑰ 無印良品 銀座　☎ 03-3538-1311

⑱ Francfranc（フランフラン）　https://francfranc.com/

⑲ 和平フレイズ　☎ 03-3805-7534

⑳ ナチュラルキッチン　https://shop-natural-kitchen.jp

㉑ KEYUCA　☎ 03-5159-2191（ケユカ マロニエゲート銀座店）

㉒ DM三井製糖株式会社 お客様相談窓口　☎ 0120-310-318

㉓ 伯方塩業　☎ 089-943-9670（営業）　✉ info@hakatanoshio.co.jp

㉔ ミツカングループお客様相談センター　☎ 0120-261-330

㉕ キッコーマンお客様相談センター　☎ 0120-120-358

㉖ ひかり味噌　お客様相談室　☎ 03-5940-8850

㉗ エバラ食品工業株式会社　お客様相談室　☎ 0120-892-970

㉘ エスビー食品株式会社　お客様相談センター　☎ 0120-120-671

㉙ ダイヤ株式会社　https://www.daiya-idea.co.jp

㉚ コロンブス商品相談室　☎ 0120-03-1321

㉛ 株式会社エヌ・アイ・ピー　☎ 03-3823-6220

※電話でのお問い合わせは、各メーカーによって受付時間が異なります。メーカーのホームページなどでご確認ください

おわりに

　私がひとり暮らしをしていたのは、1995年から4年半。阪神・淡路大震災で被災したことをきっかけに、実家を出ました。それまで私がやっていた家事は、自分の部屋に掃除機をかける、たまに洗濯物を取り込む、高校時代に週に2〜3度、母親が仕事でいないときに夕食を準備したぐらいで、具体的な技術についての知識はかなりいい加減だったと思います。

　家事の担い手にはなりましたが、洗濯は全自動洗濯機に衣類を突っ込んで回すだけ、キッチンや水回りのお手入れの方法も適当。恥ずかしながら、あまり積極的に技術を学ぼうとはしてきませんでした。しかし、社会が変わり、使う道具も価値観も変わり、技術も進化したのに前の世代の知恵を踏襲しているだけでいいのか、ともうっすら感じていました。

　「はじめに」で書いたように、ここ数年、家事について書く、話す機会が増えてきました。技術についても正確な知識が欲しいな、と思っていたところへの今回のご依頼だったので、張り切って各分野の専門家の方々に取材しました。

　私が一番知りたかったのは、家事をしない部屋で暮らせば人は死ぬのかどうか。というのは、家事が軽視されてきた結果、主婦業の役割がとても小さく軽く見積もられ、社会を回すうえでさまざまな問題を発生させてきたことを、きちんと批判したいからです。

　主婦や主夫が軽く見られるだけでなく、家事の担い手が仕事を続ける前提がない就業環境の職場が、ずいぶん長い間放置されてきました。また、介護や育児といった家族のケアにつ

190

いても、家事と同様軽視されてきたために、出産で退職または転職を余儀なくされる人、介護で同様の選択を迫られる人、そして自分自身のケアである病気・ケガの療養とも両立が困難な人がたくさん生まれてきました。家事やケアは、「誰でもできる簡単な仕事」と思われるか、その存在を無視する仕組みがあったからです。そして、そうした価値観のもと、自分でケアのサービスを行う人たちの給料はとても安く設定され、家族を養うことはもちろん、自分で生計を立てるのも困難な場合すらあり、担い手がとても少なくなっています。社会の設計が、家事をする人を組み込んでいないことは、深刻な問題を生んでいると私は考えています。

他にもいろいろ問題はありますが、くわしく知りたい人は私が書いた『家事は大変って気づきましたか?』（亜紀書房）を読んでください。ともかく、家事やケアをしない環境で暮らせば人は死ぬ。このことが今回明らかになったので、これからはもっと声を大にして、家事は大切だと訴えることができます。現代のひとり暮らしする若者に必要な家事の技術と知識に加え、そうした情報もご提供くださった、専門家の方々には大変感謝しています。

そして、この本を手にとってくださったみなさんも、自分にとって、あるいは今後一緒に暮らすなど関わりを持つ人たちにとって必要不可欠な家事の技術と経験を、ぜひ読んで実践し、身につけていってください。今回の機会をくださった、ニームツリーの羽田朋美さん、朝日新聞出版の上原千穂さん、永井優希さんに感謝します。

くらし文化研究所主宰・作家・生活史研究家　阿古真理

●著者

阿古真理（あこ まり）

くらし文化研究所主宰・作家・生活史研究家。兵庫県生まれ。神戸女学院大学でおもに社会学を学んだ後、コピーライターとなり広告制作会社に勤務。その後フリーとなり、1999年より東京に拠点を移し、週刊誌でルポやインタビュー記事を担当。食を中心に暮らし全般、女性の生き方、写真をテーマに、ウェブメディア、書籍その他でルポや論考、エッセイを執筆、講演なども行う。テレビ・ラジオの出演経験多数。2023年、第7回食生活ジャーナリスト大賞（ジャーナリズム部門）受賞。著書に『家事は大変って気づきましたか?』『日本外食全史』（以上、亜紀書房）、『ラクしておいしい令和のごはん革命』（主婦の友社）、『料理は女の義務ですか』『小林カツ代と栗原はるみ』（以上、新潮社）、『料理に対する「ねばならない」を捨てたら、うつの自分を受け入れられた。』（幻冬舎）、『昭和の洋食 平成のカフェ飯』『「和食」って何?』『昭和育ちのおいしい記憶』『母と娘はなぜ対立するのか』（以上、筑摩書房）、『平成・令和 食ブーム総ざらい』（集英社インターナショナル）、最新刊に『おいしい食の流行史』（青幻舎）など。
公式ホームページ：https://birdsinc.jp/
くらし文化研究所ホームページ：https://lab.birdsinc.jp/
YouTubeチャンネル：「くらし文化研究所　ACOMEDIA」https://www.youtube.com/@acomedia1919/featured
note:https://note.com/acomari/

STAFF

編集・執筆協力／羽田朋美（株式会社ニームツリー）・明道聡子
執筆協力／元井朋子
イラスト／イラカアヅコ
本文デザイン・DTP／阿部智佳子
装丁／俵 拓也・根本佳奈（俵社）
校正／木串勝子
編集／上原千穂・永井優希（朝日新聞出版　生活・文化編集部）

お金・衣食住・防犯が全てわかる
今さら聞けない
ひとり暮らしの超基本

著　者　　阿古真理
発行者　　片桐圭子
発行所　　朝日新聞出版
　　　　　〒104-8011
　　　　　東京都中央区築地5-3-2
　　　　　（お問い合わせ）infojitsuyo@asahi.com
印刷所　　図書印刷株式会社

© 2024 Mari Aco, Asahi Shimbun Publications Inc.
Published in Japan by Asahi Shimbun Publications Inc.
ISBN 978-4-02-334155-5

定価はカバーに表示してあります。落丁・乱丁の場合は弊社業務部（電話03-5540-7800）へご連絡ください。送料弊社負担にてお取り替えいたします。

本書および本書の付属物を無断で複写、複製（コピー）、引用することは著作権法上での例外を除き禁じられています。
これを代行業者等の第三者に依頼してスキャンやデジタル化することは、たとえ個人や家庭内の利用であっても一切認められておりません。